Vorläufige

Betriebs- und Rüstanleitung

BF 109 E

*Messerschmidt BF-109E Maintenance
and Erection Manual (in German)*

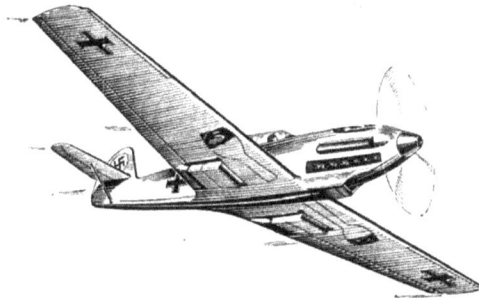

mit Motor DB 601

Diese Betriebs- und Rüstanleitung gilt nur so lange, bis durch eine entsprechende
Vorschrift des RLM (LDv.) andere Anordnungen getroffen werden.

by Messerschmitt A. G.

Ausgabe Januar 1939.

ORIGINALLY PRINTED BY
MESSERSCHMITT A.G., 1939
REPRINT ©2016 PERISCOPE FLM LLC
ALL RIGHTS RESERVED
ISBN #978-1-935700-97-5   Reg.-Nr. 126.

Inhaltsverzeichnis

C. Abbauanleitung

D. Triebwerkswechsel

E. Prüfanleitung

F. Anlagen

A. Betriebsanleitung
Flugzeugwart vor und nach dem Fluge

I. Startklarmachen

a. Schleppen

Schleppösen an den Achsschenkeln. Länge jeden Schleppseiles mindestens 6 m.
Achtung! Nicht an nur einer Öse schleppen.

Nicht an den Vorflügeln ziehen.

Nicht an Querrudern, Landeklappen, Höhen- und Seitenleitwerk
schieben.

b. Auffüllen des Kraftstoffbehälters

Kraftstoffart: Bleibenzin E 87 (Oktanzahl 87)
Behälterinhalt: 400 Ltr.
Füllöffnung unter Handlochdeckel an linker Rumpfseite hinter Kabine.
Beim Aufsetzen des Außenbordanschlußdeckels darauf achten, daß der Stift des
Entlüftungsventils nicht in eingedrücktem Zustand hängen bleibt.
Vorratsmessung: Durch Peilstab (bei Spornlage). Peilstab am Hauptbehälterkopf
unter aufklappbarem Abdeckblech hinter Führersitz. Durch elektrischen Vorrats-
messer (in Waagerechtlage). Vorratsanzeiger am Gerätebrett. Schalter zum Ein-
schalten der Meßanlage an der Schalttafel rechts.
Achtung! Während des Tankens Bordnetz nicht einschalten.

c. Auffüllen des Einspritzbehälters

Kraftstoffart: 95 % Benzin und 5 % Öl. Bei kalter Witterung 50 % Benzin, 45 % Äther
und 5 % Öl.
Behälterinhalt: 0,5 Ltr. Füllöffnung (am Behälter) rechts im Führerraum.

d. Auffüllen des Schmierstoffbehälters

Schmierstoffart: Stanavo 120 (für Sommer und Winter).
Behälterinhalt: 29,5 Ltr. auffüllbare Schmierstoffmenge und 6,5 Ltr. verbleibender
Luftraum.
Füllöffnung: Unter Handlochdeckel in linker oberer hinterer Triebwerksverklei-
dung. Füllen bis zum Höchststand laut Peilstab unter Verwendung eines Trichters
mit Haarsieb.
Nur bei kalter Witterung: Heißen Schmierstoff einpressen. Auffüllen nach Winter-
startanweisung. Anschlußventile unter Klappe in unterer vorderer Triebwerks-
verkleidung.
Vorratsmessung: Durch Peilstab. Peilstab unter Klappe in linker oberer hinterer
Triebwerksverkleidung.

e. Auffüllen der Kühlwasseranlage

Kühlstoffart: Wasser bis zu 15 deutschen Härtegraden. Wasser-Enthärtung und
Zersetzungsschutz s. Betriebsanweisung DB 601.
Gesamtinhalt der Kühlanlage etwa 65 Ltr.
Füllöffnung unter Handlochklappe in linker oberer vorderer Triebwerksverklei-
dung.

Achtung! Bei heißem Motor Füllverschraubung vorsichtig öffnen (Gefahr des Herausspritzens von heißem Wasser).

Beim Füllen muß sich das Flugzeug in Spornlage befinden.

Füllen mit Gießkanne bis Überlauf. Kaltes Wasser nur bei abgekühltem Motor einfüllen!

Nur bei kalter Witterung: Auf 65° C erwärmtes Wasser einfüllen. Bei Frostgefahr dem Kühlwasser Glysantin zusetzen. Übliche Mischung 30% Glysantin und 70% Wasser. Anwendungsvorschriften des Herstellers beachten.

f. Auffüllen der Höhenatmungsanlage

Füllöffnung: Unter Handlochdeckel an rechter Rumpfwand.

Achtung! Sauerstoff nicht mit Druckluft verwechseln. Unbedingt auf ölfreien Anschluß achten!

Explosionsgefahr! Siehe auch LDv. 291.

Füllen:

1. Absperrhahn am Atemgerät (rechts vorn im Führerraum) schließen.
2. Fernbedienungsventil (rechts im Führerraum) öffnen.
3. Sauerstoff bis auf 150 atü einfüllen (Druckmesser am Atemgerät).
4. Fernbedienungsventil schließen.

g. Überprüfungen vor Anlassen des Motors

Prüfe vor Anlassen des Motors:

1. Ob die Beladung den Vorschriften des Ladeplanes entsprechend vorgenommen ist.
   Bei ausgebautem Bordfunkgerät ist der entsprechende Ballast derart einzuhängen, daß auch in Kunstfluglagen keine Behinderung von Steuerungsteilen eintreten kann.
2. Ob die Lamellen der Wasser- und Ölkühler sauber sind, die Wasserkühler unter den Tragflächen nötigenfalls mit starkem Wasserstrahl durchspritzen.
3. Die Beplankung und Stoffbespannung auf einwandfreien Zustand.
4. Das Flugzeuginnere auf etwa herumliegende lose Teile, da durch diese schwere Unfälle verursacht werden können.
5. Alle Handlochdeckel, Klappen und Schnellverschlüsse auf festen Sitz.
6. Den einwandfreien Gang der Gestänge durch Bewegen der Handhebel.
7. Die Steuerung auf leichten Gang, es darf kein übermäßiges Spiel in den Lagern sein.
   Anmerkung: Wenn Flugzeug längere Zeit der Sonnenstrahlung ausgesetzt war, lassen sich die Räder schwer bewegen. Dies wird durch ungleiche Wärmeausdehnung von Rumpf und Steuerwerk hervorgerufen. Die normale Gängigkeit stellt sich beim Abbremsen oder im Flug von selbst wieder ein.
8. Ob keine Leitung tropft.
9. Schmierstoff-Filter durch mehrmaliges Ziehen des Griffes an der unteren Triebwerksverkleidung hinter dem Schmierstoffkühler reinigen.
10. Flugzeug muß frei von Eis, Reif oder Schnee sein.
11. Ob der Ölausgleichsbehälter der Fahrwerkseinziehvorrichtung links hinter dem Motor vor dem Brandschott gefüllt ist.
    Inhaltsmenge mittels Peilstab nachmessen.
12. Ob der Gashebel nicht zu schwer geht, sonst die Flügelmutter auf dem Lagergehäuse etwas lösen.
13. Ob die Zuführungsleitung zur ESK 2000a bei Nichtbenutzung der Kamera in der Fläche einwandfrei untergebracht ist.

h. Anlassen des Motors

1. Kabine schließen (Kabinengriff in Stellung „Zu"). Rechtes Kabinenfenster öffnen.
2. Fahrwerksschalter in Stellung „Ruhe".
3. Bordnetz einschalten (Knopf rechts hinter Führersitz ziehen).
4. Brandhahnhebel in Stellung „Auf".
5. Gashebel auf Leerlauf.
6. Mittels Kraftstoffpumpe mindestens 5,0 atü Druck pumpen.
7. Anlasser aufziehen lassen, (Kurbel im Gepäckraum, Anlasserwelle rechts oben).
8. Mittels Einspritzpumpe zwei oder drei Stöße einspritzen (bei kalter Witterung vier bis fünf Stöße). Bei betriebswarmem Motor nur ein bis zwei Stöße einspritzen.
   Beachte, daß nach Betätigung der Pumpe der Betätigungsknopf an der Führungsmutter anliegt.
9. Auf „Frei" Schlüssel in Zündschalter stecken und auf „M 1 + 2" schalten.
10. Zuggriff für Kerzenabbrennung (Zündverstellung) ziehen und fest halten; Zuggriff läßt sich nicht verriegeln.
11. Zuggriff des Anlassers ziehen.
12. Nach Anspringen Zuggriffe loslassen.
13. Schmierstoffdruck beobachten: bei kaltem Motor muß sich innerhalb der ersten drei bis fünf Sekunden ein Druck von etwa 6 bis 8 atü einstellen; andernfalls Motor sofort abstellen.
14. Kurbel im Gepäckraum anschnallen. Nach hinten von der Fläche steigen. Landeklappen nicht betretbar.
    Motor springt nicht an: mit nächstem Anlaßversuch einige Minuten warten, dann Anlaßvorgänge wiederholen.

Achtung! Nicht an Luftschraube drehen! Lebensgefahr!

Behebung von Motorstörungen s. „Betriebsanweisung und Wartungsvorschrift für Daimler-Benz Flugmotor DB 601.

i. Warmlaufen des Motors

1. Wasserkühlerklappen nach Bedarf öffnen (Kurbel rechts neben Sitz); Anzeigevorrichtungen für Kühlerklappenverstellung auf Tragflächen (versenkter Stab: Klappe auf).
2. Bei kalter Witterung Ölkühlerklappe schließen (Hebel links neben Sitz).
3. Nach Anspringen des Motors Drehzahl bei beginnendem Abfall des Schmierstoffdruckes langsam steigern bis etwa maximal 1000 U/min. Schmierstoffdruck hierbei möglichst zwischen 5 und 6 atü halten.

Prüfungen während des Warmlaufens

1. Zündanlage durch Verstellen des Zündschalters bei verschiedenen Drehzahlen mehrmals prüfen. Darauf achten, ob Motor gleichmäßig läuft.
2. Bei etwa 1400 U/min Kraftstoffpumpe prüfen: Brandhahnhebel je ½ Minute in Stellung „P 2" und „P 1" und beobachten, ob starkes Schwanken des Kraftstoffdruckes oder unruhiger Motorlauf auftritt.
3. Bei etwa 1900 U/min elektrische Anlage prüfen: Bordnetz abschalten (Netzausschalter am Gerätebrett), elektrische Geräte einschalten (Schaltkasten rechts oben). Nach Prüfung Geräte ausschalten und Bordnetz wieder einschalten (Knopf rechts hinter Führersitz).

k. Abbremsen des Motors

Abbremsen nur dann erforderlich, wenn zwischen zwei Flügen mehr als zwei Stunden Pause liegt.

Achtung! Voll schwanzlastig trimmen. Flugzeug genau gegen den Wind stellen. Möglichst Schwanz belasten.

1. Prüfe, ob Kabine fest geschlossen ist.
2. Luftschraubensteigung auf 12 Uhr.
3. Wasserkühlerklappen auf. Schmierstoffkühlerklappe bei geringer Schmierstofftemperatur zunächst noch geschlossen halten.
4. Nur abbremsen bei mindestens 30° C Schmierstoff-Eintrittstemperatur (Druckknopf am Gerät drücken) und höchstens 80° C Kühlwassertemperatur bei Beginn des Abbremsens.
5. Steuerknüppel anziehen und festhalten.
6. Gashebel gleichmäßig auf Vollgas drücken.
7. Bei Vollgas Geräte ablesen.

Betriebswerte beim Abbremsen:

Drehzahl (bei 12 Uhr)	2200 bis 2250 U/min
Ladedruck	1,30 ata
Schmierstoffdruck	2,5 bis 6 atü (normal 3,5)
Kühlwassertemperatur	höchstens 94° C
Schmierstoff-Eintrittstemperatur	mindestens 30° C
Kraftstoffdruck	1,1 bis 1,5 atü

8. Zündanlage nochmals kurz prüfen. Drehzahlabfall höchstens 50 U/min.
9. Beachte, ob Motor ruhig und erschütterungsfrei läuft.
10. Gashebel langsam zurückziehen.

Achtung! Bei Überschreiten einer Kühlwassertemperatur von 94° C sofort von Vollgas auf etwa 1100 U/min zurückgehen bis Temperatur sinkt.

l. Abstellen des Motors

1. Gashebel in Leerlaufstellung.
2. Motor durch etwa 3 Minuten Leerlauf abkühlen lassen; hierbei Zündschalter je einige Zeit auf „M 2", dann auf „M 1" und hiernach auf „0" bringen. Kühlwassertemperatur sollte nicht mehr als 80° C betragen.
3. Brandhahn erst schließen, wenn Motor nicht mehr läuft.
4. Bordnetz abschalten.

II. Arbeiten nach dem Flug

a. Feststellen der Steuerung

1. Sitz in zweite Raste einrasten.
2. Arretierungsstange (im Gepäckraum angeschnallt) am linken Fußhebel einhaken.
3. Lasche vorn unten am Sitz vorklappen
4. Arretierungsstange in Gabelkopf am Steuerknüppel einführen und Stift in der Lasche durch die Öffnungen am Gabelkopf mit Arretierungsstange einschieben.

b. Ablassen von Schmierstoff und Kühlwasser

Ablassen nur bei Frostwetter und ungeheizter Halle.
Ablassen noch bei warmem Motor.
Erst Schmierstoff dann Kühlwasser ablassen.

Schmierstoff: Über Warmölanschlüsse nach Winterstartanweisung. Ablaßventile sitzen unter dem Motor vor dem Ölkühler. Wenn ein Behälter abgelassen werden soll, dann über Schnellablaß am Behälter. Schnellablaßventil wird nach Aufklappen der Klappe unter dem Rumpf vorne zugänglich.
Kühlstoff: Achtung! Hähne bei heißem Kühler nicht von Hand öffnen. Mit einem Frostschutzmittel gemischter Kühlstoff kann bis zu den vom Hersteller angegebenen Außentemperaturen in der Kühlanlage verbleiben. Kühlwasser-Ablaßhähne an Wasserkühlern werden nach Einfahren der Kühlerklappen zugänglich.

c. Verankern des Flugzeuges im Freien

(vgl. Anlage 10)

1. Entweder Steuerung feststellen (siehe unter a) oder besser Ruder mit Scheren halten.
2. Landeklappen in Nullstellung.
3. Flugzeug gemäß Verankerungsplan gegen den Wind mittels Seilen am Boden verankern. (Verankerungsösen unter den Tragflächen.)
4. Luftschraube, Fahrtmesserdüse und Motorraum einschließlich Kabine durch Bezüge schützen.
5. Laufräder gegen herabtropfendes Öl abdecken.

III. Hinweise für die Wartung

a. Nach jedem Flugtag

1. Festen Sitz der Triebwerksanschlüsse, Zündkerzen und Störschutzkappen prüfen.
2. Filterbrandhahn-Armaturen reinigen. Filter werden nach Aufklappen der Klappe unter Rumpf vorne zugänglich.
3. Ölfüllung der Öldruckanlage nachsehen, Peilstab.
4. Flugzeug reinigen; besonders Triebwerk zur Verringerung der Brandgefahr sauber halten. Triebwerksrohrleitungen auf Dichtheit und Entlüftungsleitungen auf freien Durchgang prüfen.
5. Luftschraube auf festen Sitz und Beschädigungen untersuchen. Luftschraubenflügel mit säurefreier Vaseline einfetten.
6. Beplankung und Stoffbespannung auf einwandfreien Zustand prüfen. Spaltverkleidungs- und Endkappen-Senkschrauben anziehen.
7. Prüfen der Luftdrücke.
   Laufräder 4,0 atü, Spornrad 3,0 atü (entgegen den Angaben der Füllschilder auf den Rädern).
   Federbeine: Fülldruck 25 atü; Ölmenge 1,1 Liter (vergl. Betriebs- und Reparatur-Anweisungen für EC-Flugzeugbeine).
8. Füllung der Höhenatmungsanlage (150 atü) prüfen.

b. Nach Bedarf

1. Schmier- und Fettstellen des Triebwerksgestänges, Fahr- und Steuerwerks ständig überwachen und nötigenfalls nach Schmierplan (Anlage 3) mit kältebeständigen Schmiermitteln reinigen.
2. Reinigung des Flugzeuges wie folgt:
   Fest haftende Schmutzteile mit klarem, lauwarmen Wasser entfernen.
   Stark verschmutzte ölige Stellen, ölige Rißstellen durch leichtes Abreiben mit Petroleum reinigen.
   Alle benetzten Teile mit weichen Tüchern trockenreiben. Verboten ist es, zur Reinigung Benzin und Benzolgemische zu verwenden.

Plexiglas nur mit Wasser abspülen und mit weichem Natur- oder Viskose-schwamm abdrücken und dann vorsichtig abwischen. Bei besonders starker Verschmutzung Wasser 40°-50° warm und etwas Seife oder Soda zusetzen. Verboten ist, Plexiglas mit scharfkantigen und harten Materialien zu reinigen, ferner Reinigungsmittel wie z. B. Alkohol, Benzol oder Flüssigkeiten, die diese Stoffe enthalten. Zur Nachpolitur des Plexiglases nur „Plexipol" verwenden. Motor ist mit Petroleum zu reinigen.

3. Nachstellen der Steuerseilzüge.

4. Nachstellen der Bremsbacken und Nachfüllen (rote EC-Bremsflüssigkeit) sowie Entlüftung der Bremsleitungen.

5. Öldruckanlage für Fahrwerk und Sporn bei aufgebocktem Flugzeug öfters prüfen (vergl. C. Abbauanleitung, a. Aufbocken des Flugzeuges).

6. Signalanlage des Fahrwerks auf einwandfreies Arbeiten prüfen.

7. Wartung des Stromsammlers vgl. LDv. 277/2.

8. Wartung der Geräte für die Öldruckanlage vgl. EC-Wartungsvorschrift.

9. Wartung des Motors vgl. Motorhandbuch DB 601.

10. Wartung der Verstell-Luftschraube vgl. VDM-Wartungsvorschrift.

Flugzeugführer

I. Startfertigmachen

Anlassen des Motors, Warmlaufen, Abbremsen und Abstellen s. unter „Flug-zeugwart".

1. Kabine schließen (Kabinengriff in Stellung „Zu")

   Achtung! Verriegelungsbolzen müssen richtig einrasten.

   Kurz prüfen ob:

2. Brandhahnhebel auf

3. Wasser- und Ölkühlerklappen auf

4. Bordnetz eingeschaltet

5. Temperatur- und Druckmesser anzeigen

6. Luftschraubenstellung auf 12 Uhr

7. Grüne Fahrwerkslampen leuchten (beachte auch mechanische Anzeige)

8. Höhenflosse auf Stellung 0 bis + 1° (Schauzeichen vor Handrad)

9. Bei großer Luftfeuchtigkeit und Außentemperaturen unter 0° C Staurohrhei-zung eingeschaltet (Schauzeichen am Gerätebrett).

10. Laderschaltung (nur bei einem Teil der Flugzeuge BF 109 E) auf Bodenlader. Handgriff herausziehen und durch Drehen einrasten.

II. Rollen

1. Landeklappen in Nullstellung.

2. Beachte, daß Kühlwassertemperatur 94° C nicht überschreitet.

3. Für enge Kurven kurzzeitig mit viel Gas geradeausrollen, dann Kurve mit Bremse einleiten und Gas weg.

III. Start

1. Landeklappen auf 20° anstellen; Landeklappenverstellrad links, Anzeige auf linker Landeklappe.

2. Starten.

3. Aus dem Start heraus auf Geschwindigkeit besten Steigens (am Boden etwa 250 km/h) aufholen lassen.

4. Dabei Fahrwerk einziehen.
Fahrwerksschalter in Stellung „Ein".
Nach Einziehen geht Fahrwerksschalter selbsttätig in Stellung „Ruhe" zurück (sollte er nicht zurückspringen, dann ist am Schaltergriff zu ziehen). Rastet Fahrwerk nicht richtig ein, Fahrwerksschalter nochmals in Stellung „Ein". Stetige Anzeige der Fahrwerksstellung durch mechanisches Anzeigegerät.

Anzeige der Endstellungen durch elektrisches Anzeigegerät:
rot = vollständig eingezogen
grün = vollständig ausgefahren.

Lichtzeichen lassen sich ausschalten, leuchten bei Ausfahren der Landeklappen von selbst wieder auf. Signalhorn ertönt, wenn Fahrwerk nicht in Rollstellung eingerastet und gleichzeitig die Landeklappen angestellt sind.
5. Landeklappen ganz zurückstellen. Trimmen! (Anzeiger auf linker Landeklappe.) Beide Handräder können gleichzeitig umfaßt und betätigt werden.

Anmerkung: Bei Ausfall der Motorkraftstoffpumpe ist Kraftstoff-Notförderung durch Betätigen der Kraftstoffhandpumpe nicht möglich.

IV. Flug

a. Flugbegrenzungen

Höchstzulässige Geschwindigkeiten:

bei Landeklappenbetätigung	250 km/h
bei vollausgefahrenen Landeklappen	250 km/h
bei ausgefahrenem Fahrwerk	350 km/h
während des Ein- und Ausfahrvorganges	220 km/h
im Sturzflug	750 km/h

b. Günstigste Fahrtanzeige für Steigflug

Höhe (m)	0	1000	2000	3000	4000	5000	6000	7000
Va (km/h)	250	243	236	229	222	215	208	200

In Höhe über 2100 m auf Höhenlader schalten. Handgriff durch Drehen ausrasten und loslassen. (Gebläseschaltung ist nur bei einem Teil der Flugzeuge BF 109 E vorhanden. Bei den anderen Flugzeugen ist Gebläseschaltung selbsttätig.)

c. Luftschraubensteigung

Luftschraubensteigung so einstellen, daß die unter d. angegebenen Werte für Drehzahl und Ladedruck eingehalten werden.

d. Betriebsdaten

Motordrehzahl und Ladedruck

	Drehzahl U/min	Ladedruck ata
5 Min.-Leistung	2400	1,30
30 Min.-Leistung	2300	1,23
Dauerleistung (Reiseflug)	2200	1,15

Laderumschalthöhe 2100 m.

Schmierstofftemperatur und -druck

Temperatur	Eintritt	Austritt höchstens
für längere Zeit	30° bis 75°	95°
für kurze Zeit	80°	105°

Druck: mindestens 2,5 atü
      höchstens 6 atü

Kühlwassertemperatur: in Bodennähe mindestens 60° C
Höchsttemperatur für Höhe:

Höhe in km	0	2	4	6	8	10
° C	100	95	91	87	82	78

Kraftstoffdruck: mindestens 1,1 atü
             höchstens 1,5 atü

e. Kraftstoff-Vorratsmessung im Flug

Vorratsanzeiger am Gerätebrett.
Einwandfreie Messung nur in Waagerechtlage. Schalter für Meßanlage an der Schalttafel rechts. Nach Aufleuchten der Reststandswarnlampe am Gerätebrett noch Kraftstoffvorrat für 10 Minuten-Reiseflug.

f. Kühlerklappenverstellung

Bei gewöhnlicher Außentemperatur Wasserkühlerklappen halb geschlossen. Bei Abnahme der vorgeschriebenen Temperaturen sind die Klappen entsprechend zu schließen.
Nach Kühlerklappenverstellung ist Nachtrimmen des Flugzeuges erforderlich.
Anmerkung: Die Flugzeuggeschwindigkeit ist von der Kühlerklappenstellung abhängig. Zum Erreichen der Höchstgeschwindigkeit Klappen nur so weit öffnen, daß die höchstzulässigen Temperaturen nicht überschritten werden.

g. Belüftung der Kabine

Durch Verstellen des Handhebels an der Gerätebrettoberkante.

V. Landung

1. Fahrt auf etwa 220 km/h verringern.
2. Luftschraubensteigung auf 12 Uhr.
3. Fahrwerk ausfahren: Fahrwerksschalter in Stellung „Aus". Nach Ausfahren geht Fahrwerksschalter selbsttätig in Stellung „Ruhe" zurück. (Sollte er nicht zurückspringen, dann ist am Schaltergriff zu ziehen.) Rastet Fahrwerk nicht vollständig ein, Fahrwerksschalter nochmals in Stellung „Aus". Stetige Anzeige der Fahrwerksstellung durch mechanisches Anzeigegerät. Anzeige der Endstellungen durch elektrisches Anzeigegerät.
                Grün = vollständig ausgefahren
                Rot = vollständig eingefahren
    Signalhorn ertönt, wenn bei nicht vollständig ausgefahrenem Fahrwerk die Landeklappen angestellt werden.
4. Landeklappen voll (40°) ausfahren. Trimmen! Beide Handräder können zeitweise gleichzeitig umfaßt und betätigt werden. Beim Ausfahren der Lande-

klappen darf das Horn nicht mehr ertönen, da sonst Fahrwerk nicht vollständig ausgefahren ist.

Achtung! Beachte Geschwindigkeitsbegrenzungen von 250 km/h bei angestellten Landeklappen.

5. Anschweben mit etwa 150 km/h Anzeige. Das Flugzeug ist stark nach vorn geneigt, der Gleitwinkel ist steil. Das Flugzeug verliert in weniger steiler Lage, z. B. beim Abfangen bzw. Gaswegnehmen sehr rasch an Fahrt.

6. Ausblicksmöglichkeit bei vereisten Kabinenscheiben durch aufklappbare linke vordere Scheibe (Riegel zurückziehen).

VI. Flug unter besonderen Bedingungen

a. Sturzflug

1. Höhenflossentrimmung so einstellen, daß Flugzeug nur durch leichtes Drücken im Sturzflug gehalten werden kann. Dieser Zustand wird am besten hergestellt, indem von der Reiseflugtrimmung aus $\frac{1}{2}°$ Richtung schwanzlastig getrimmt wird. Wird während des Sturzfluges festgestellt, daß Höhenruder-Handkraft in Richtung „Drücken" nachläßt, dann Sturzflug sofort abbrechen.

2. Gashebel in Leerlaufstellung.

3. Beachte, daß Schmierstoff- und Kühlwassertemperatur nicht unter 40° C sinken. Wasserkühlerklappen je nach Witterung halb bis ganz schließen.

4. Luftschraubenstellung etwa 9.30 Uhr.

5. Laderschaltung auf Bodenlader (falls nicht automatisch). Handgriff herausziehen.

Achtung! Höchstzulässige Motordrehzahl für Sturzflug 3000 U/min.

b. Nachtflug

Elektrische Beleuchtungsgeräte einschalten! Bei zu großer Helligkeit der Warnlampe des Fahrwerksanzeigers und der Verschlußkontrollampen der starren Bewaffnung kann zur Verdunkelung Isolierband über die Lampen geklebt werden. Vor dem Start besonders auf Höhenflossenstellung achten.

c. Höhenflug (mit Höhenatmer)

1. Bei Mundstückatmung, Nase mit in Olivenöl getränkter Watte schließen (um Atmung durch die Nase unmöglich zu machen).

2. Bei Maskenatmung, Maske so aufsetzen, daß sie angenehm und dicht sitzt.

3. Kälteschutzleder unter Kappe tragen.

4. Bei 4000 m Höhe den an jedem Höhenatmer angeordneten Absperrhahn öffnen und mit der Sauerstoffatmung beginnen, auch wenn noch keine Verminderung der körperlichen Leistungsfähigkeit fühlbar ist.

5. Die begonnene Sauerstoffatmung nicht unterbrechen.

6. Zusatz-Drosselhebel der jeweiligen Höhe entsprechend bedienen!

7. Druckmesser am Atmungsgerät beobachten.

8. Bei einem Rest von 10 atü in der Sauerstoffanlage unter 4000 m Höhe heruntergehen.

9. Nach Gebrauch, Absperrhähne an den Atmungsgeräten schließen.

10. Ist beim Abflug bekannt, daß gleich über 4000 m Höhe gestiegen wird, so sind die Masken vor dem Abflug aufzusetzen bzw. die Nasen mit in Olivenöl getränkter Watte zu schließen. Im übrigen siehe wie oben.

VII. Notfälle

a. Durchstarten

Durchstarten mit vollangestellten Landeklappen. Klappen nach Durchstarten langsam in ausreichender Höhe über Boden wieder zurückstellen und Flugzeug austrimmen.

Achtung! Beachte auch beim Durchstarten die Geschwindigkeitsbegrenzung von 250 km/h bei angestellten Landeklappen.

b. Fahrwerksnotauslösung bei Versagen der Öldruckanlage

1. Fahrwerksschalter in Stellung „Aus".
2. Notzug für Fahrwerk an Gerätetafel mit kräftigem Ruck ziehen.
3. Bei Nichteinrasten der Federbeine in Endstellung (Endstellung erkenntlich durch grünes Licht am Fahrwerksanzeiger) wird Einrasten durch Schiebeflug rechts bzw. links erreicht.

c. Notlandung wegen Motorausfalles

1. Bei geringer Flughöhe Flugzeug sofort hochziehen, bis V-200 km/h erreicht ist.
2. Landeklappen voll anstellen; Flugzeug gleichzeitig schwanzlastig trimmen.
3. Fahrwerk durch Notauslösung ausfahren.
   Achtung! Bei ungünstigem Gelände ist eine Notlandung mit eingezogenem Fahrwerk sicherer.
   Bei größerer Flughöhe ist es zweckmäßig, um eine große Strecke zurücklegen zu können, Fahrwerk und Landeklappen erst bei einer Flughöhe unter 1000 m auszufahren.
4. Luftschraube im Allgemeinen auf Segelstellung.
5. Netzausschalter an Gerätetafel drücken.
6. Zündung ausschalten.
7. Brandhebel in Stellung „Zu".

d. Fallschirmabsprung

1. Fahrt nach Möglichkeit verringern.
2. Nach Möglichkeit: Netzausschalter drücken, Zündung ausschalten, Brandhebel in Stellung „Zu".
3. Rot gekennzeichneten Kabinenabwurfhebel am linken Rumpfobergurt ziehen (Kabine wird vom Luftstrom fortgerissen).
4. Losschnallen und Flugzeug verlassen.

e. Bordfunkanlage

Die Bedienung der gesamten Bordfunkanlage erfolgt nach LDv. 228/2 a und 3 a.

B. Rüstanleitung

I. Allgemeines

In der nachfolgenden Rüstanleitung wird der Zusammenbau des Flugzeugmusters BF 109 E in einzelnen Baugruppen behandelt. Die Reihenfolge des Zusammenbaues kann beliebig erfolgen und ist so zu wählen, daß gleichzeitig an mehreren Baugruppen gearbeitet wird.

Mit größter Vorsicht und Gewissenhaftigkeit ist der Aufbau vorzunehmen. Es ist daher eine ständige Überwachung und Überprüfung der einzelnen Baugruppen sowie Bauteile während des Zusammenbaues unbedingt erforderlich und alle auftretenden Mängel sowie Schäden sind sofort nach ihrem Auffinden zu beseitigen.

Die Ein- und Anbauten im Rumpf, Trag- und Leitwerk wie Steuerung, Triebwerksgestänge, Gerätetafel, elektrische Geräte, Rohrleitungen usw. sind vor dem Verbinden von Rumpf und Tragwerk in diese einzubauen.

Flugzeug darf nur mit Bordschuhen (nicht mit eisenbeschlagenen Schuhen) betreten werden.

Schrauben, Bolzen und Splinte sind, wenn nicht besonders erwähnt, in Richtung von oben nach unten bzw. von vorn nach hinten einzusetzen. Vor Einbringen der Bolzen diese mit Gewindeschutzkappen versehen und Bolzen erst einführen, wenn Bohrungen genau fluchten. Bolzen nicht mit Gewalt einschlagen.

Sämtliche Schrauben, Muttern, Gabelköpfe, Gelenkstellen, Triebwerks- und Steuerungsgestänge usw. müssen einwandfreie Sicherungen aufweisen und mit einem kältebeständigen Fett eingesetzt werden. Spannschrauben und Rohrverschraubungen durch Eisendraht sichern. Gebrauchte Sicherungen dürfen auf keinen Fall wieder verwendet werden.

Gabelköpfe müssen mit ihrem Gewinde so weit eingedreht werden, daß sie das Prüfloch an den Stoßstangen usw. mit ihrem Gewinde überschneiden. Die Stoßstangen und Seilzüge so einbauen, daß nach beiden Seiten gleiche Verstellmöglichkeit bleibt.

Bewegliche Metallteile wie Stoßstangen, Lager der Leitwerke usw. müssen durch Massekabel an die Gesamtmetallmasse des Flugzeuges angeschlossen werden.

Sämtliche zu verlegende Rohre und Leitungen müssen mehrfach und einwandfrei gehaltert werden.

Die Laufräder müssen mit säurefreiem Fett geschmiert werden.

Sämtliche Kugellager und Rollen mit Fett einsetzen.

Beim Ansetzen der Verkleidungsbleche und Rüstklappen mit Schnellverschlüssen ist darauf zu achten, daß die Kennstriche an den Knebelbolzen sowie Verkleidungsblechen und Rüstklappen in einer Richtung (waagerecht) liegen.

Die im Text angeführten Bezeichnungen wie „links", „rechts", „vor" und „hinter" sind stets in Flugrichtung gesehen.

Zum Anheben des vollständig zusammengebauten Flugzeuges ist nach Entfernen der Schlitzverkleidungen zwischen Rumpf und Tragfläche an den Hißösen der Holmträgerbeschläge sowie an den am Motor vorhandenen vorderen Hißösen je ein Hißtropp anzubringen (vgl. Abb. 62), wobei das Flugzeug mit vollem Fluggewicht (2523 kg, Anlage 16) gehoben werden kann. Es ist verboten, das Flugzeug anders in einen Kran zu nehmen wie vorstehend angeführt.

Der Rumpf ist in Rumpfteile eingeteilt, die an der linken Rumpfaußenseite durch die Bezeichnung von 1 bis 8 gekennzeichnet sind. Diese Bezeichnungen sind auch im Text als Kennzeichnung eines Einbauortes angeführt.

II. Rumpf- und Tragfläche

a. Aufbocken des Rumpfes

Durch das Rumpfende eine Anhebestange (1 a) stecken. Rumpf mit drei Mann anheben und auf die beiden Aufbaubröcke (1 b und 1 c) setzen. Aufbockung so hoch vornehmen, daß beim Einbau des Fahrwerkes dieses am Boden frei geht. Anhebestange auf beiden Seiten mit Gewichten (etwa 240 kg) belasten.

Auf die Rüstmarken (rot gezeichnet, auf Rumpfobergurten des Führerraumes) eine Wasserwaage setzen und Rumpf in Waage bringen. Dieses erfolgt durch Unterkeilen der Böcke bzw. des Rumpfes.

Die Rüstmarken auf der linken Seite dienen zum Ausrichten der Längsachse und die auf der rechten Seite für die Schnellflugachse.

Das Ausrichten der Querachse erfolgt an den beiden auf den Rumpfobergurten links und rechts hinten liegenden Rüstmarken.

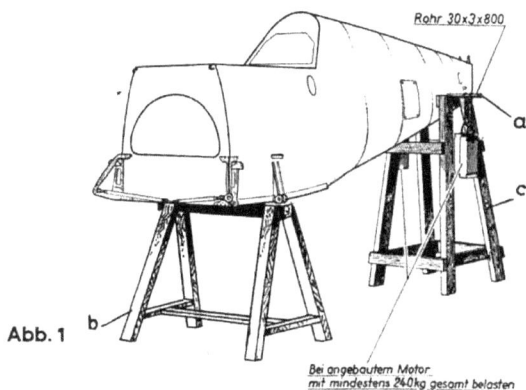

Rohr 30x3x800

a

c

b

Abb. 1

Bei angebautem Motor
mit mindestens 240 kg gesamt belasten

Die Rüstöffnung am Boden zwischen Stirnwand und Holmspant durch die Streben (2 a und 2 b) auskreuzen. Beim Einstellen der Strebenlänge darauf achten, daß keine Spannungen entstehen.

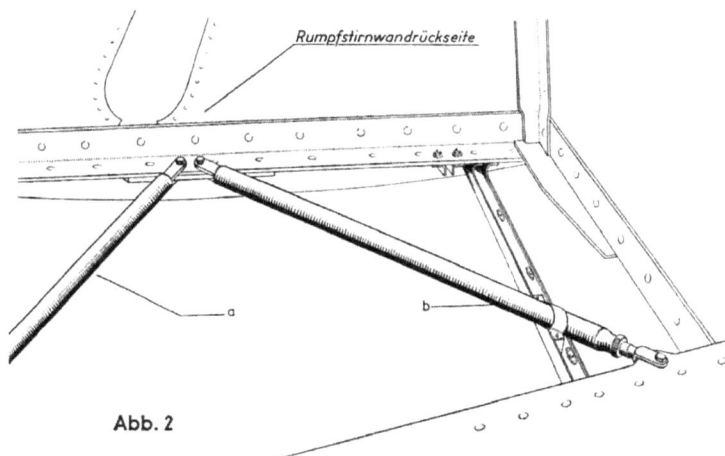

Rumpfstirnwandrückseite

a

b

Abb. 2

Beim Ansetzen des Rumpfendteiles (22 a) ist dieses von Hand nach vorn und der Querträger (11 b) so nach hinten zu drücken, daß die Bolzen des Querträgers in die vorgesehenen Bohrungen am Rumpfteil 8 greifen.
Nach Anbau des Rumpfendteiles (22 a) an dessen Querwand-Rückseite ein und an der Vorderseite zwei Gewichte anbringen.

b. Aufbocken der Tragfläche

Tragflächenteile (3 a) zum Einbau der Steuerung mit ihrer Unterseite nach oben aufbocken. Böcke müssen unter den beiden äußeren Rippen stehen und mit Formleisten (3 b) versehen sein, die mit Filz gepolstert sind.

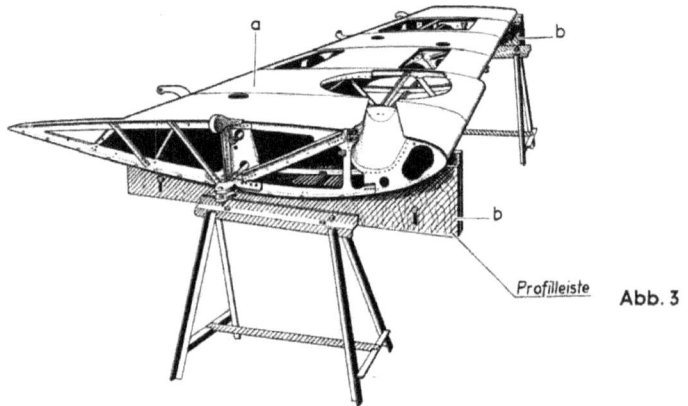

Profilleiste   Abb. 3

Landeklappen, Querruder und Vorflügel erst nach dem Verbinden von Rumpf und Tragfläche anbauen.

c. Verbinden von Rumpf und Tragfläche

An Fahrwerksbock (4 a, 7 a) des Rumpfes Anschlußgabel (4 b, 7 b) für vorderen Flächenanschluß (4 c) anbringen.

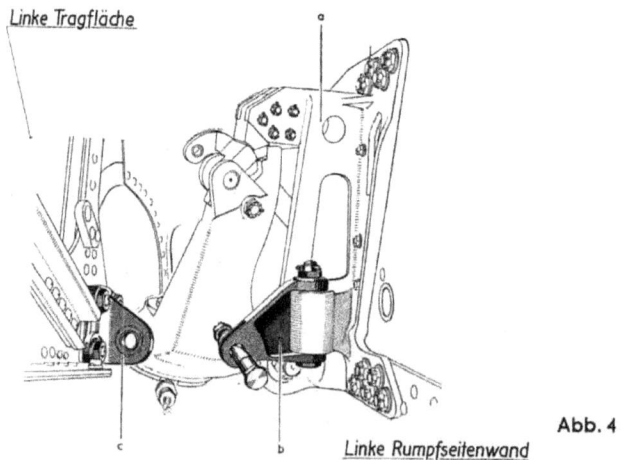

Linke Tragfläche

Abb. 4

Linke Rumpfseitenwand

Drei Mann (Abb. 5) heben die Tragfläche an den Rumpf und führen die An-
schlußbeschläge der Fläche an die Gegenbeschläge des Rumpfes.

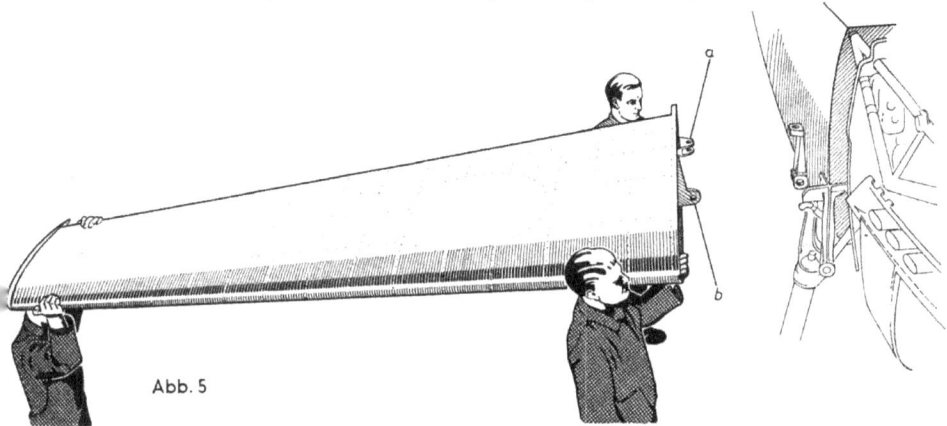

Abb. 5

Zuerst oberen Anschluß (5a) des Tragflächenholmes mit dem Beschlag (8a) des
Rumpfes verbinden. Hier Bolzen mit Heißöse einsetzen. Hierauf unteren Holm-
anschluß (5b) mit Rumpfbeschlag (8b) und vordere Anschlußgabel (4b, 7b) mit
Rumpfbeschlag (4c) verbinden.
Mittels Arbeitslehre (Anlage 12) den Einstellwinkel (vgl. Anlage 12) der Tragfläche nachmessen. Verstellung erfolgt am vorderen Anschlußbeschlag der Tragfläche.
Tragfläche durch Stütze abstützen, die mit einem Gabelkopf an der Veranke-
rungsöse der Tragflächen-Unterseite befestigt wird.

d. Triebwerksgestänge

(vgl. Anlage 1).
Den Lagerbock (6a), an welchem der Gashebel (6b) sowie Bedienungshebel
(6c) für die Ölkühlerklappen gelagert sind, an der linken Rumpfseite hinter
Spant 2 befestigen.

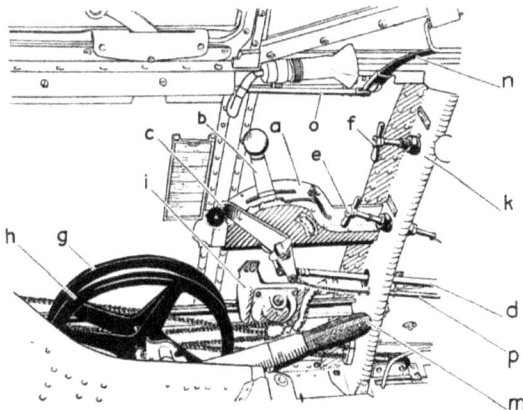

Abb. 6

An Brandschott-Vorderseite eine Welle (7 c) mit Umlenkhebeln anbringen. Gashebel (6 b) mit Umlenkhebel (7 d, 24 b) durch Stoßstange (6 d, 7 e, 24 c) verbinden.

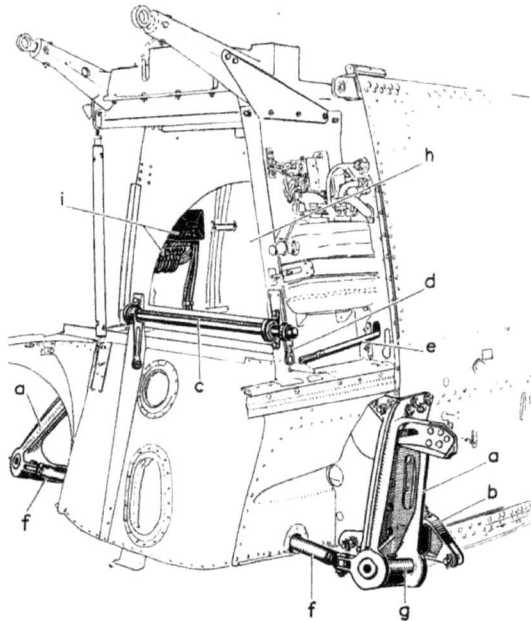

Abb. 7

Nachdem die Filterbrandhahn-Armaturen (53 a, FBH-Armatur) angebaut sind, wird Hebel (26 a) mit dem Hebel der FBH-Armatur durch eine Stoßstange (55 f) verbunden, die mittels Winkelgelenken angeschlossen wird. Hierbei muß der Bedienungshebel (26 a) nach unten und der Hebel der FBH-Armatur nach oben stehen (vgl. E. Prüfanleitung, b. Triebwerksgestänge).

Für die Betätigung der Kraftstoffhandpumpe rechts im Rumpf am Obergurt einen Handhebel (26 b) mit einem Bock anbringen. Hebel (26 b) durch Stoßstange (55 g) mit einem Umlenkhebel und diesen durch ein Zwischengestänge mit dem Pumpenhebel der rechten FBH-Armatur (53 a) verbinden.

Handgriff (6 e) für den Zündkerzenreiniger an der linken Rumpfseite im Spant 2 befestigen. Den zugehörigen Drahtzug (24 a) durch die Stirnwand des Rumpfes sowie über die Umlenkrolle (24 d) verlegen und an den Hebel für Kerzenabbrennung am Motor befestigen. Halterung (24 e) mit den Umlenkrollen an dem Ladergehäuse anbringen.

Für die Ölkühlerklappe von dem Hebel (6 c) durch Rumpfstirnwand und über Umlenkrolle (24 f) einen Seilzug (6 p, 24 g) verlegen, der nach Anbau des Triebwerks mit der Klappe verbunden wird. Seilzug durch ein Spannschloß so spannen, daß die Kühlerklappe einwandfrei geöffnet und geschlossen wird.

Links im Rumpf am Spant 2 den Handgriff (6 f) für den Anlaßschalter (24 h) anbringen (vgl. I. Elektrische Anlage, B-Anlage).

Für Betätigung der Wasserkühlerklappen (59 b, 60 a) die Handkurbel (28 c) an der rechten Rumpfseite anbringen. Hinter Spant 2 unterhalb des Fußbodens eine Zwischenwelle einsetzen und in diese von beiden Außenseiten die Winkelgetriebe (8 c) einführen und an der Rumpfwand befestigen.

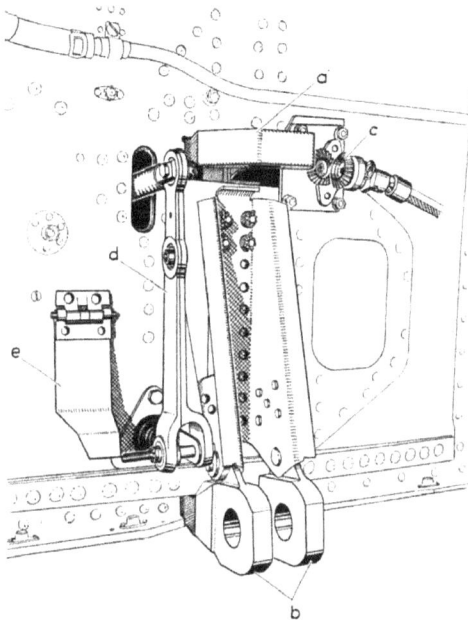

Abb. 8

An den beiden Tragflächenteilen je ein Schneckengetriebe (58a) anbringen, die durch eine Zwischenwelle (58b) mit den Winkelgetrieben (8c) verbunden werden (vgl. IV. Triebwerk, d. Kühlwasseranlage).

e. Steuerung

(vgl. Anlage 2).

Den auf der Werkbank zusammengebauten Steuerknüppel (9a) mit seiner Lagerung so auf dem Holmspant befestigen, daß der Schwinghebel (13k, 9b) vorne liegt.

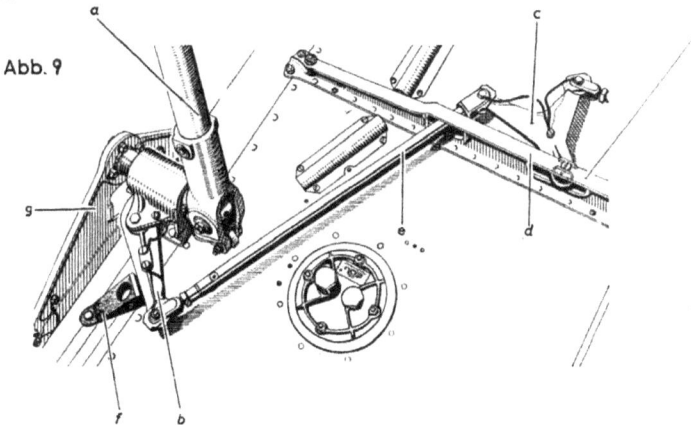

Abb. 9

Für die Höhensteuerung ist der vordere Zwischenhebel (9c) am rechten Sitzträger (9d) zu lagern und durch eine Stoßstange (9e) mit dem Schwinghebel

(9b, 13k) zu verbinden. Für den Schwinghebel auf dem Holmspant einen Anschlag (9f, 13m) anbringen.
Zwischenhebel (10a) sowie Schwinghebel (10b, mit Massenausgleich) an der
rechten Rumpfseite lagern. Diese beiden Hebel durch eine Stoßstange (10c)
miteinander verbinden. Gleichfalls die beiden Hebel (9c und 10a) durch Stoßstange (10d) verbinden.

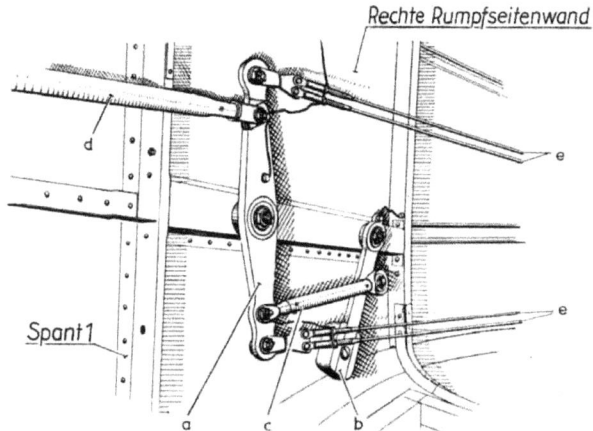

Abb. 10

Hinteren Zwischenhebel (11a) an dem Querträger (11b) im Rumpfende lagern
und mit Zwischenhebel (10a) durch doppelte Drahtzüge (10e) verbinden, die mit
20 kg vorgespannt werden müssen. Zwischenhebel (11a) nach Anbau des Leit-
werkes mit dem Höhenruder durch Stoßstange verbinden (vgl. III. Leitwerk,
e. Höhenleitwerk).

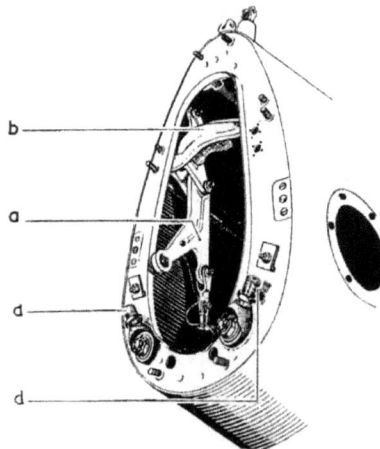

Abb. 11

Für die Quersteuerung wird nach Anbau der Torsionswelle (12a, 13a) und
Stoßstange (12b) für die Landeklappen an deren Verbindungsstellen der rech-

ten und linken Rumpfaußenseite je ein Differentialhebel (8d, 12c) an dem Lande-
klappen-Gestänge angebracht. Differentialhebel (12c, 8d) und Schwinghebel
(9g, 13b) durch Stoßstange (12d, 13c) verbinden.

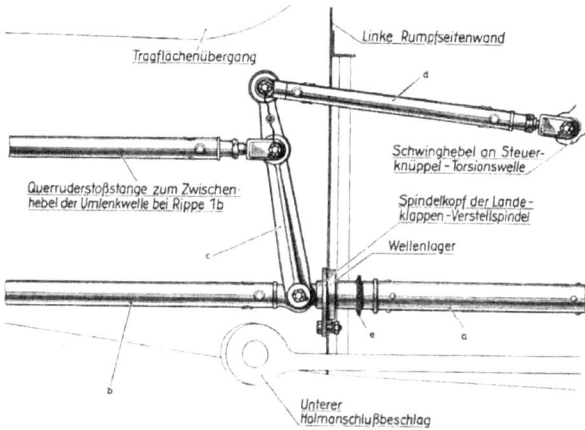

Linke Rumpfseitenwand

Tragflächenübergang

Schwinghebel an Steuer-
knüppel-Torsionswelle

Querruderstoßstange zum Zwischenhebel der Umlenkwelle bei Rippe 1b

Spindelkopf der Lande-
klappen-Verstellspindel

Wellenlager

Abb. 12

Unterer
Holmanschlußbeschlag

Nachdem die Tragflächen mit dem Rumpf verbunden sind, müssen die Stoßstangen (16a) an die Differentialhebel (12c, 8d) angeschlossen werden.
Für die Landeklappen-Betätigung im Rumpf vor dem Holmspant eine Torsionswelle (12a, 13a) einbauen, deren Lager an der Rumpfaußenseite befestigt
werden. Darauf achten, daß Kettenrad (12e, 13d) nach links liegt.

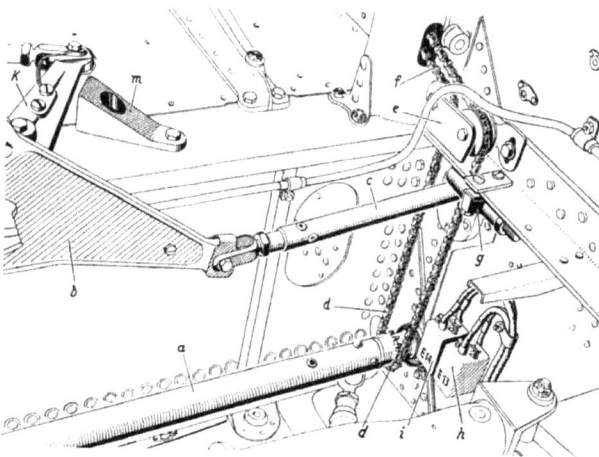

Abb. 13

Links neben dem Führersitz die Handräder (14a, 6g und 14b, 6h) für die Lande-
klappen- und Höhenflossenverstellung anbringen. Vor dem Holmspant
eine Halterung (13e, 14c) mit Umlenkrollen anbringen, über welche die Rollenkette (13f, 14d) geleitet wird, die das Handrad (14a, 6g) und Kettenrad (12e,
13d) verbindet. Gleichfalls wird eine Kettenbremse (13g, 14h) angebracht.

-18-

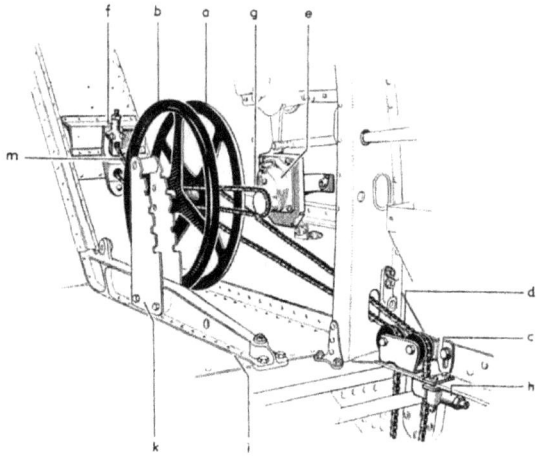

Abb. 14

Für die Höhenflossenverstellung an Seitenwand links Anzeigeuhr (6i, 14e) sowie Kettenbremse (14f) befestigen. Links am Rumpfteil 6 eine Halterung mit Umlenkrollen anbringen. Im Rumpfteil 8 Flossenverstellspindel (43a) an der U-Schiene des Spornträgers lagern, Handrad (6h, 14b) und Verstellspindel (43a) durch einen Kettenseilzug (14m) verbinden, der im Tankraum in zwei Schutzrohren verlegt wird. Die Ketten des Seilzuges so um die Kettenräder legen, daß in den beiden Endstellungen kein Auflaufen der Kettenenden auf die Kettenräder erfolgen kann. Gleichfalls die Anzeigeuhr (6i, 14e) mit Handrad (6h, 14b) durch Rollenkette (14g) verbinden.

Für die Seitensteuerung die auf der Werkbank zusammengebaute Fußsteuerung mit Bremspumpen (vgl. Elektron-Co. m. b. H., Stuttgart- Bad Cannstatt), Lagerung und Abstützung (15a) hinter der Stirnwand auf dem Zwischenboden (15b) befestigen. Hier gleichfalls zwei Umlenkrollen (15c) anbringen. An den einzelnen Rumpfteilen rechts und links Führungen für den Steuerseilzug (15d) anbringen (vgl. Anlage 2).

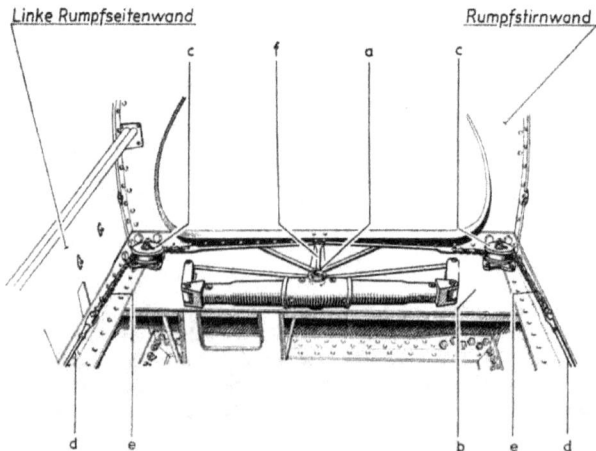

Abb. 15

-19-

Den mit einer Kette (15e) und Spannschloß versehenen Steuerseilzug (15d) am
Hebel (15f) anlenken, um die Rollen (15c) (zu diesem Zweck ausbauen) und
durch die Führungen ziehen und nach Anbau des Seitenruders an dessen Hebel
(38e) anschließen.

Umbau der Quersteuerung bei Austausch der Flächenwaffen

Bei Austausch der Flächenwaffen MG 17 gegen MG-FF oder umgekehrt muß das
Steuergestänge für die Querruder verlegt werden. Zweckmäßig ist es, die Tragflächen für diese Arbeiten abzubauen (vgl. C. Abbauanleitung, g. Tragwerk) und
aufzubocken (vgl. II. Rumpf und Tragfläche, b. Aufbocken der Tragfläche).

Nachstehend sind die Arbeiten aufgeführt, die beim Einbau der MG-FF ausgeführt werden müssen. Die in Klammern gesetzten Maße gelten für den MG
17 Einbau

Stoßstangen (16c) an den Zwischenhebeln (16d und 16e) und Rollenführungen
(16f) sowie an ihren Verbindungsstellen lösen und aus Fläche herausnehmen.
Durch Verstellen des Verstellkopfes der Stoßstange (16c) die Länge auf 507 mm
(447 mm) (von Mitte Kugellager bis Mitte Kugellager) einstellen. Rollenführungen (16f) an den Rippen abbauen und 180 mm (46 mm) vom Hauptholmsteg
(16g) weiter nach hinten (vorn) anbauen.

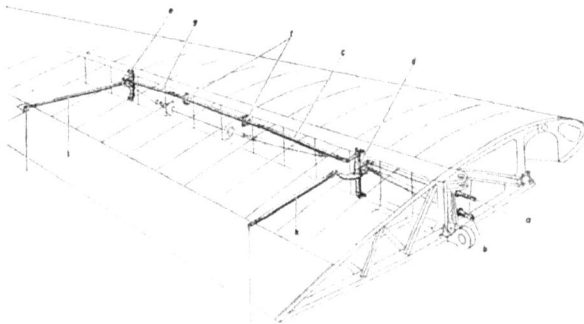

Abb. 16

Den bei Rippe 4b an Vorderseite des Hauptholmes (16g) angeordneten Zwischenhebel (16e, Abb. 17) abbauen und den Winkel des oberen Hebels (17a)
wie folgt verstellen: Staubkappe (17b) abnehmen, Kugellager (17c) herausnehmen und Sechskantschraube (17d) sowie Splint (17e) entfernen. Hierauf mit
einem Sechskant-Steckschlüssel die Schraube (17f) einige Gewindegänge lösen,
bis Hebel (17a) in der Hirthverzahnung verstellt werden kann (etwa 2 Zähne).
Abb. 17 zeigt die Winkelausschläge.

Schraube (17f) wieder anziehen und versplinten. Schraube (17d), Kugellager
(17c) - neu eingefettet - sowie Staubkappe (17b) wieder anbringen. Zwischenhebel in die Fläche einbauen und Stoßstangen wieder anschließen. Einstellen
der Quersteuerung siehe III. Leitwerk, b. Querruder.

Die Vorflügelgetriebe (Abb. 18), bestehend aus dem Lagerstück (18a), Koppel (18b), den beiden Schwinghebeln (18c), Hebelbeschlag (18d) usw. auf der
Werkbank zusammenbauen und diese sowie die Umlenkhebel in die Tragflächen einbauen. Die Umlenkhebel sind durch eine Stoßstange untereinander
zu verbinden.

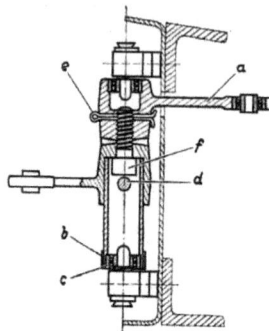

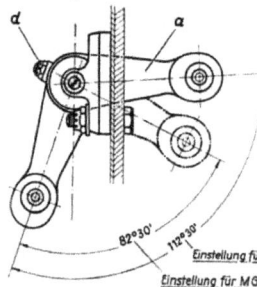

Einstellung für MG 17 Einbau   **Abb. 17**
Einstellung für MG-FF Einbau

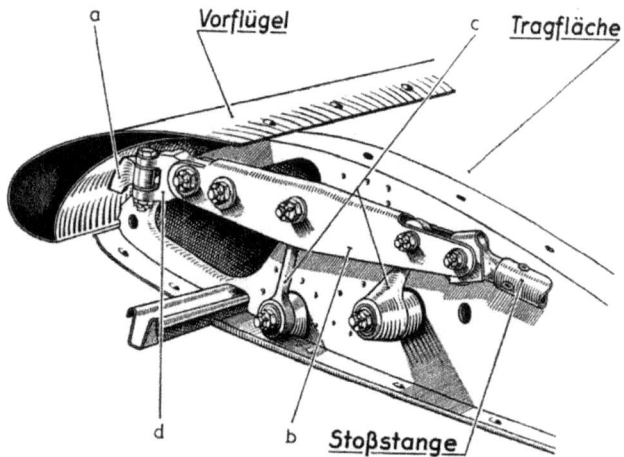

a   Vorflügel   c   Tragfläche

Abb. 18

d   b   Stoßstange

f. Fahrwerk und Radsporn

(vgl. Anlage 5)

Fahrwerksanbau vor Verbinden des Rumpfes mit der Fläche ausführen.

Je einen Fahrwerksbock (4a, 7a, 19a) an der rechten und linken Rumpfseite anbringen und beide Fahrwerksböcke durch je eine Strebe (7f) an der Stirnwand abstützen.

Hierauf das zusammengebaute Ölfederbein (23a, vgl. Betriebs- und Reparatur-Anweisung für EC-Flugzeugbeine) an den Fahrwerksbock heben und mit dem

Lagerbolzen (7 g, 19 b) befestigen. Darauf achten, daß die Sperrklinke (19 c) einwandfrei hinter den Feststellstein (19 d) greift und von dem Federgehäuse (19 e) in dieser Stellung gehalten wird.

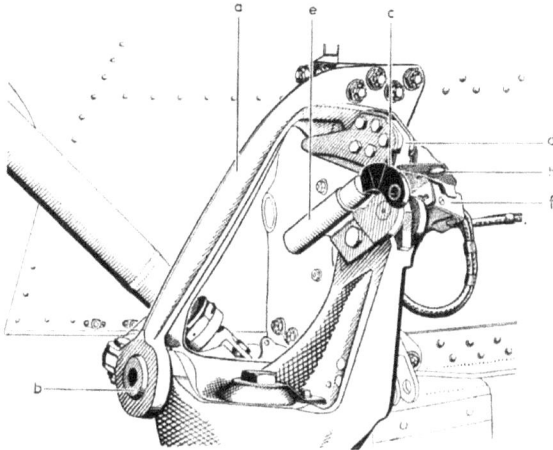

Abb. 19

Die aus Führung (20 a) und Klinke (20 b) bestehende Raste für das eingezogene Ölfederbein an der Aufhängung in der Tragfläche anbringen. Rückholfeder (20 c) in Klinke (20 b) und Bügel (20 d) einhängen.

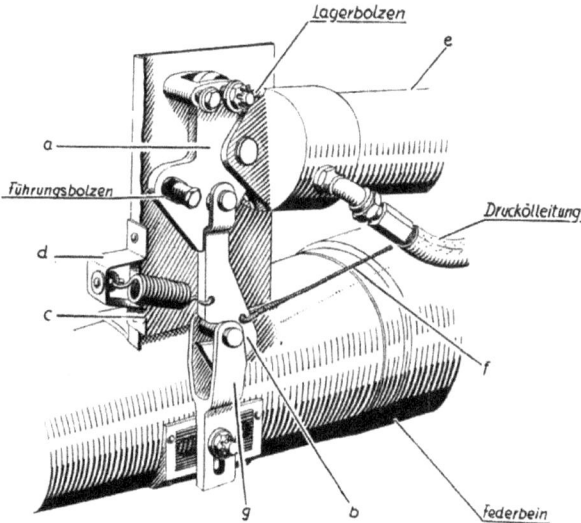

Abb. 20

Zusammengebauten Druckzylinder (20 e, vgl. Anleitung der Elektron-Co. m. b. H.) in die aufgebockte Tragfläche wie folgt einbauen: Gabelkopf (21 d) so einstellen, daß der Abstand zwischen Zylinder (21 a) und Kolbenstangenende (21 b) mindestens 11 mm beträgt. Dann Druckzylinder durch Aussparung über Strebenkanal in Tragfläche einführen und an der Führung (20 a) befestigen. Kolbenstange (21 b) an die Sperrklinke (19 c, 21 c) anlenken.

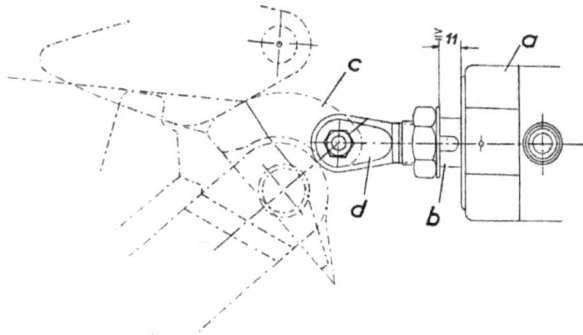

Abb. 21

Für die Notauslösung des Fahrwerks in die untere Gerätetafel den Zuggriff (26 q, 55 c) und an der Rumpfwand den Hebel (55 d) anbringen. Seilzug (20 f, 55 e) für die Notauslösung des Fahrwerks von dem Hebel (55 d) an die Klinke (20 b) verlegen und hier einhängen.

Nachdem das Rumpfendteil (22 a) angebaut ist, wird der auf der Werkbank zusammengebaute Radsporn (22 b) (vgl. Anleitung Elektron-Co. m. b. H., Stuttgart-Bad Cannstatt) durch den Radausschnitt in den Rumpf gehoben und hier am Rumpfteil 8 schwenkbar gelagert. Einziehzylinder für den Sporn unten am Rumpfteil 8 und die Kolbenstange am oberen Teil des Spornfederbeines anlenken.

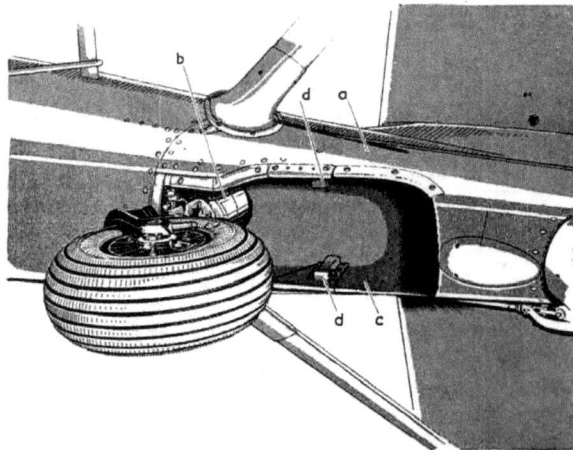

Abb. 22

Die Abdeckbleche (23 c, 23 d) für den Strebenkanal mittels Schellenbänder an den Ölfederbeinen anschellen. Darauf achten, daß bei eingezogenem Fahrwerk die Abdeckbleche einwandfrei an der Fläche anliegen.
Nachdem Fahrwerk und Sporn eingebaut und die Öldruckanlage aufgefüllt ist, muß das Ein- und Ausfahren (Flugzeug aufgebockt) geprüft werden (vgl.

A. Betriebsanleitung, Flugzeugführer, III. Start). Ist Fahrwerk ausgefahren, so darf zwischen Feststellstein (19d) und Sperrklinke (19c) höchstens 0,2 mm Spiel sein, andernfalls Feststellstein auswechseln. Die mit Schlauch und Decke versehenen Laufräder auf Radachse (23b) schieben und das bereits angebaute Bremsschild befestigen.

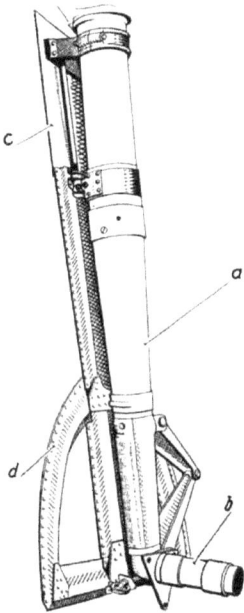

Abb. 23

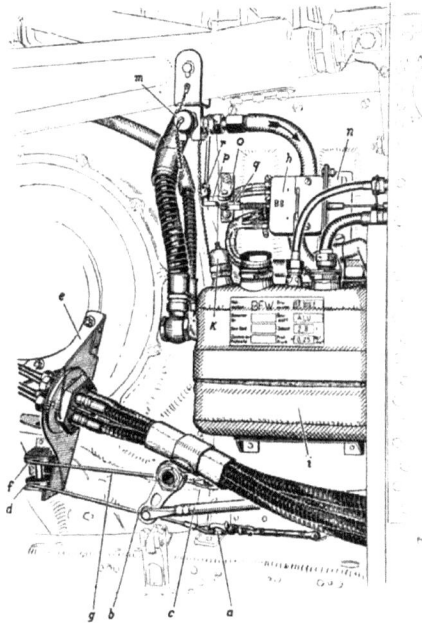

Abb. 24

In das Rumpfendteil (22a) die Verkleidung (22c) einsetzen und die Anschlag-klötze (22d) anbringen.

Die Bremsleitungen für die Laufräder durch Rumpf sowie am Federbein verlegen und an den Bremspumpen und Bremsschildern der Laufräder anschließen. Die im Rumpf sowie an den Übertrittsstellen vom Federbein zum Bremsschild ver-legten Schläuche müssen mit einem Lederschutz versehen werden. Das Füllen der Bremsanlage erfolgt nach A. Betriebsanleitung, das Einstellen der Brems-backen nach Betriebsanweisung der Elektron-Co. m. b. H., Stuttgart-Bad Cannstatt. Das elektrische Fahrwerksanzeigegerät (26c) siehe unter C. Elektrische Anlage, E-Anlage.

Das mechanische Anzeigegerät (26d) für das Fahrwerk an die untere Gerätetafel anbauen. Für die Betätigung des Anzeigegerätes (26d) werden zwei Bowden-züge in die beiden Anzeigekolben des Anzeigegerätes eingeführt, umgebogen, sowie verlötet und an der rechten Rumpfwand durch den Fußboden zu den Öl-federbeinen verlegt und hier mittels Laschen festgeklemmt. Die Verlegung der Bowdenzüge erfolgt in schlanken Bogen, damit sie in ihren Spiralen nicht ge-knickt werden. Ferner ist darauf zu achten, daß die Bowdenzüge an den gehal-terten Stellen nicht geklemmt werden.

Vgl. auch E. Prüfanleitung, d. Fahrwerk und Sporn.

g. Öldruckanlage

(vgl. Anlage 5).

Ölkühlerbehälter (24i) an der linken Rumpfseite vor der Stirnwand mittels Spannband befestigen.

Motorpumpe am vorgesehenen Antrieb des Motors anflanschen. Fahrwerksschalter (25a, 26e) rechts hinter der Gerätetafel an einem Bock (25b) befestigen. Ein Drosselventil (25c) wird rechts im Rumpf unter dem Fußboden angebracht.

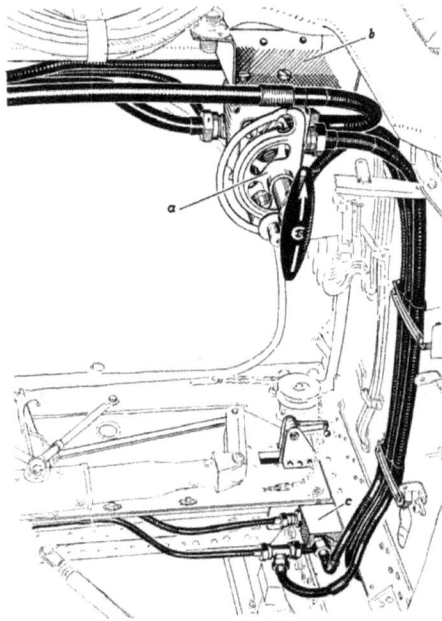

Abb. 25

Für den Anschluß eines Außenbordaggregates zur Prüfung des Fahrwerks muß in der Saug- und Druckleitung je ein Prüfanschluß (24k bzw. 24m) angebracht werden.

Der Einbau der Einziehzylinder für Fahrwerk und Sporn ist unter f. Fahrwerk und Sporn beschrieben.

Zusammenbau des Fahrwerksschalters, Einziehzylinder usw. vgl. Anleitung der Elektron-Co. m. b. H., Stuttgart-Bad Cannstatt. Prüfung der Öldruckanlage vgl. E. Prüfanleitung, e. Öldruckanlage.

Das Verbinden der Pumpe, Zylinder usw. mit den braun gestrichenen Ölleitungsrohren erfolgt nach Anlage 5. Die Leitungen sind mehrfach zu haltern und die Panzerschläuche an den Berührungsstellen mit anderen Bauteilen mit einem Lederschutz zu versehen. Sämtliche Verschraubungen müssen durch Draht gesichert werden.

h. Betriebsgeräte

(vgl. Anlage 6).

Nachdem die obere und die untere Gerätetafel (Abb. 26 und Anlage 6) mit den Geräten versehen sind, werden beide Tafeln vor dem Holmspant in den Rumpf eingebaut.

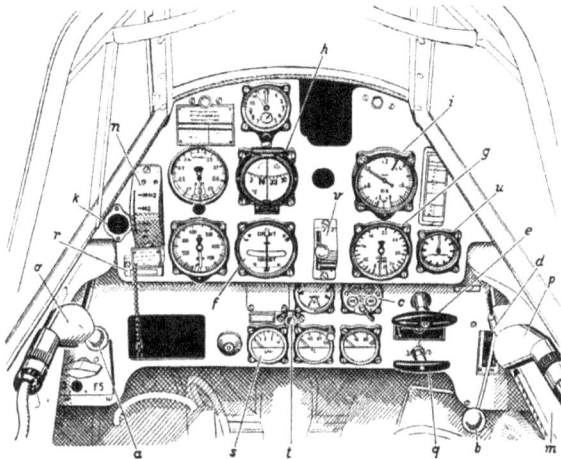

Abb. 26

Düse für die Luftversorgung des Wendezeigers (26f, 51a) an Rippe 1 der linken Tragfläche so anbringen, daß die Düse aus Unterseite Tragfläche herausragt. An Rückseite des Wendezeigers (26f, 51a) einen Sogregler anbringen.

Staurohr und Schauzeichen für Fein- und Grobhöhenmesser sowie für Fahrtmesser vgl. I. Elektrische Anlage, D-Anlage.

Drehzahlmesser (26g) mit Motor durch geteilte biegsame Welle verbinden. Für die Kupplung der Welle eine Halterung anbringen, die unter dem rechten Zuführungshals der starren Bewaffnung befestigt wird. Von dem Entöler der biegsamen Welle muß eine Leitung an der rechten Rumpfwand nach unten ins Freie geführt werden.

Das Anschließen der Meßleitungen an die einzelnen Geräte erfolgt nach Anlage 6. Die Leitungen müssen mehrfach gehaltert werden.

Über die Befestigungsschrauben des Kompasses (26h) Gummiringe streifen.

Die Anschlußstellen der Ladedruckleitung (51d) am Motor und Ladedruckmesser (26i, 51c) zeigt Anlage 6.

i. Navigationsgeräte

An der rechten Rumpfwand im Führerraum wird ein Kartenkasten angebracht.

k. Höhenatmungsanlage

(vgl. Anlage 7)

Achtung! Beim Einbau des Höhenatmers, der Flaschen, Rohrleitungen usw. ist allergrößte Sorgfalt darauf zu verwenden, daß die Einbauteile unter keinen Umständen mit Benzin, Fett und Öl in Berührung kommen und insbesondere schwergängige Gewinde nicht mit Fett oder Öl gängig gemacht werden. Eine Nichtbeachtung des Vorgesagten kann zu schweren Unfällen führen, da Explosionsgefahr! Das Auffüllen der Anlage ist in A. Betriebsanleitung angegeben. Ein Außenbordanschluß zum Auffüllen der Höhenatmungsanlage wird in der rechten Außenwand des Rumpfteiles 1 angebracht.

Die Sauerstoff-Flaschen (27a) in je zwei Spannbändern aufhängen, die unter dem Gepäckraum angeordnet sind (vgl. Anlage 7).

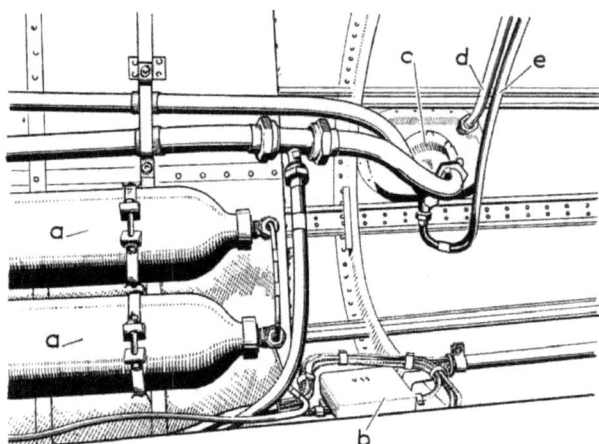

Abb. 27

Höhenatmer (28a) rechts im Führerraum auf den mit der Rumpfwand vernieteten Konsolen befestigen.

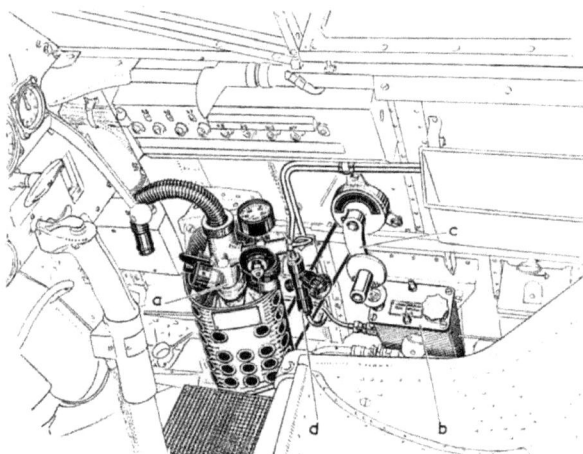

Abb. 28

Für das Füllstutzen-Zapfenventil (28d, 54c) wird eine Halterung (54d) rechts im Führerraum angebracht.

Das Anschließen der blau mit weißen Ringen gekennzeichneten Rohrleitungen wird nach Anlage 7 vorgenommen. Die Verschraubungen der Leitungen sind mit Draht zu sichern.

I. Elektrische Anlage

(vgl. Anlage 8)

Zur Stromerzeugung dient ein vom Flugmotor angetriebener Generator A 1 mit einer Nennleistung von 600 Watt. Die Betriebsspannung wird durch den an rechter Rumpfwand angebauten Regler A 2 auf 24 Volt geregelt. Je nach Belastung des Bordnetzes arbeitet der Generator auf den Sammler A 14 oder gemeinsam mit diesem auf das Bordnetz.

Der Sammler A 14 mit einem Aufnahmevermögen von 7,5 Amp.-Stunden ist im Rumpfende auf dem Boden angebracht. An der rechten Rumpfseitenwand im Rumpfende ist der Selbstschalter mit Fernauslösespule angebaut. Durch den Netzausschalter A 15 (26k) am Gerätebrett kann Fernselbstschalter A 13 ausgelöst und damit der Sammler A 14 vom Bordnetz abgeschaltet werden.

Die Anlaß- und Zündanlage werden von einer Außenbordstromquelle versorgt, die an einem Außenbordanschluß - rechte Rumpfseite - angeschlossen wird. Der Sammler soll für den Anlaß- und Zündvorgang nur in Notfällen verwendet werden.

Der Einbau der Anlage, sowie das Verlegen der Leitungen erfolgt an Hand der Schalt- und Leitungsbilder, sowie der Geräteaufstellung der Anlage 8. Leitungen und Geräte sind in den Schaltbildern und Plänen mit Nummern bezeichnet. Die gleichen Nummern sind an den Geräten anzubringen bzw. sind die Leitungen mit Kabelringen zu versehen, die die gleiche Nummer wie in den Leitungsplänen tragen.

Die Leitungen werden geschlossen in Leitungsschächten und außerhalb der Leitungsschächte abgeschirmt verlegt. Die Leitungsschächte werden an der Rumpfwand befestigt und nach Einbau der Leitungen durch Deckel abgedeckt. Schutzrohre sind nur gegen mechanische Beschädigungen an gefährdeten Stellen zu verwenden. Die Befestigung und Isolierung der Leitungen muß einwandfrei sein. Es darf keine Leitung aus mehreren Leitungen zusammengeflickt, sondern nur aus einem Stück bestehende Leitungen dürfen verlegt werden.

Der Einbau der Geräte und Leitungen im Rumpf und Tragfläche erfolgt vor dem Zusammenbau dieser Hauptteile, so daß nach dem Zusammenbau nur das Anschließen bzw. Verbinden der einzelnen Leitungen erfolgen muß. Im nachfolgenden Text ist der Einbau nach Anlagen beschrieben.

A-Anlage

Generator A 1 an den am Motor vorhandenen Antrieb anflanschen. Regler A 2 (7 i) an Seitenwand rechts hinter der Stirnwand befestigen.

Am rechten Motorträger den Verteiler A 3 (49 d) anbringen.

Die mit den Selbstschaltern A 4 bis A 12 versehene Hauptschalttafel (26 m, Abb. 29) an der rechten Rumpfseite im Führerraum befestigen.

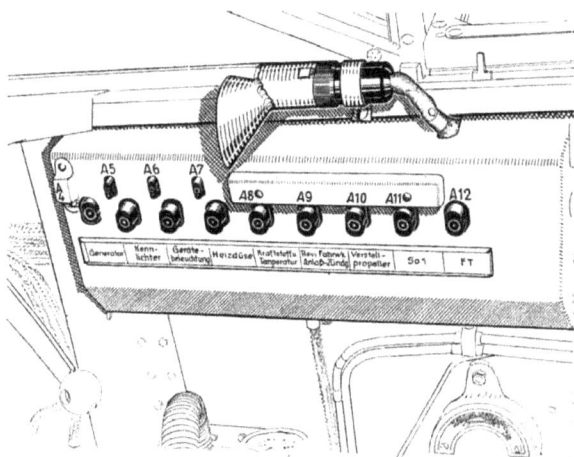

Abb. 29

Die Befestigung des Fernselbstschalters A 13 erfolgt auf zwei Stegen rechts am Rumpfteil 6. Zuggriff für den Fernselbstschalter A 13 rechts im Führerraum anbringen. Zuggriff und Schalter durch einen Seilzug miteinander verbinden, der im Rumpf mehrfach gehaltert wird.

Im Rumpfteil 6 die Brücke anbringen und auf dieser den Sammler A 14 absetzen und mit zwei Spannbändern haltern.

Netzausschalter A 15 (26 k) in die obere Gerätetafel einsetzen.

In die rechte Seite des Rumpfteiles 2 den Außenbordanschluß A 16 einbauen und an der linken Seite des rechten Motorträgers an einem Unterbau eine Brandschottdose A 17 anbringen.

B-Anlage

Der Zwillingsmagnetzünder B 1 (46 a) wird mit dem Motor geliefert und ist hier an einem vorhandenen Antrieb angeflanscht.

Eine Brandschottdose B 6 wird auf dem Unterbau der linken Seite des rechten Motorträgers befestigt.

Zündschalter B 7 (26 n) in die obere Gerätetafel einbauen.

Anlaßschalter B 8 (24 h) mit dem Blech (24 n) verschrauben, welches vor der Stirnwand links angebracht ist. Zuggriff (6 f) des Anlaßschalters links im Führerraum im Spant 2 (6 k) lagern. Von hier einen Seilzug verlegen, der am Anlaßschalter angeschlossen wird. Vor dem Anlaßschalter B 8 (24 h) den Bock (24 o) anbringen, in welchem der Hebel (24 p) gelagert wird. Schalter und Hebel durch eine Zugstange (24 q) verbinden. Nach Anbau des Motors Hebel (24 p) mit Schwungkraftanlasser durch Stoßstange (24 r) verbinden.

C-Anlage

Je ein Kennlicht C 1 bzw. C 2 in die linke bzw. rechte Randkappe der Tragflächenteile und ein Hecklicht C 5 in die Rumpfendkappe einbauen. Für die beiden Kennlichter C 1 bzw. C 2 an den Flächenenden und für das Hecklicht C 5 rechts im Rumpfteil 9 je einen Trennstecker C 2, C 4 bzw. C 6 anbringen.

Am linken und rechten Obergurt im Führerraum je eine Gerätebrettlampe C 7 (26 o) und C 8 (26 p) anschellen. Lampen und Blenden so einstellen, daß Gerätetafel beleuchtet wird. Verteiler C 9 an der linken Seitenwand befestigen.

An der Uhr (6 i) ist die Trimmlampe C 10 zu haltern.

Einen Verdunkler C 11 an der unteren Gerätetafel anbringen.

D-Anlage

Staurohr D 1 für Fein- und Grobhöhenmesser sowie Fahrtmesser an der linken Flächenunterseite und das zugehörende Schauzeichen D 2 (26 r) an der oberen Gerätetafel befestigen.

E-Anlage

Der Einbau von Verstellmotor E 1, Engbegrenzungsschalter E 2 und Verstellschalter E 9 ist unter f. Luftschraube beschrieben.

Je einen Hupen- und Anzeigeschalter E 4 (19 f) bzw. E 5 für das Fahrwerk an dem linken bzw. rechten Fahrwerksbock (19 a) befestigen.

Ein Warnschalter E 6 bzw. E 7 für das Fahrwerk wird in dem linken bzw. rechten Tragflächenteil eingebaut.

Das Fahrwerksanzeigegerät E 10 (26 c) an der unteren Gerätetafel und das Boschhorn E 11 (53 f) vorn auf dem Rumpfboden befestigen.

Eine Abzweigdose E 12 wird vorn im Rumpf an der linken Seitenwand angebracht. Die beiden Gestängeschalter E 13 und E 14 (13 h und 13 i) an der linken Rumpfseitenwand so anbauen, daß die Druckknöpfe durch die Rumpfwand nach außen ragen. Außen an der Rumpfwand die Klappe (8 e) anbringen.

F-Anlage

Einbau der Bordfunkanlage s. LDv. 228/2a und 3a.

M-Anlage

Diese Geräte sind unter Kraft- und Schmierstoff- sowie Kühlwasseranlage beschrieben.

P-Anlage

Siehe Kurzbetriebs- und Rüstanleitung der starren Schußwaffe BF 109 E.

V-Anlage

Die Verteiler V 1 bis V 5 an der Rumpfdecke zwischen Stirnwand und Holmspant befestigen.

Brandschottdose V 7 an dem Unterbau der linken Seite des rechten Motorträgers anbringen.

Je eine Aufbausteckdose V 8 bzw. V 9 an der rechten bzw. linken Flügelrippe anschellen.

Im Flügel links wird der Verteiler V 10 eingebaut und der Verteiler V 11 (27 b) an der rechten Seitenwand im Rumpf angeschraubt.

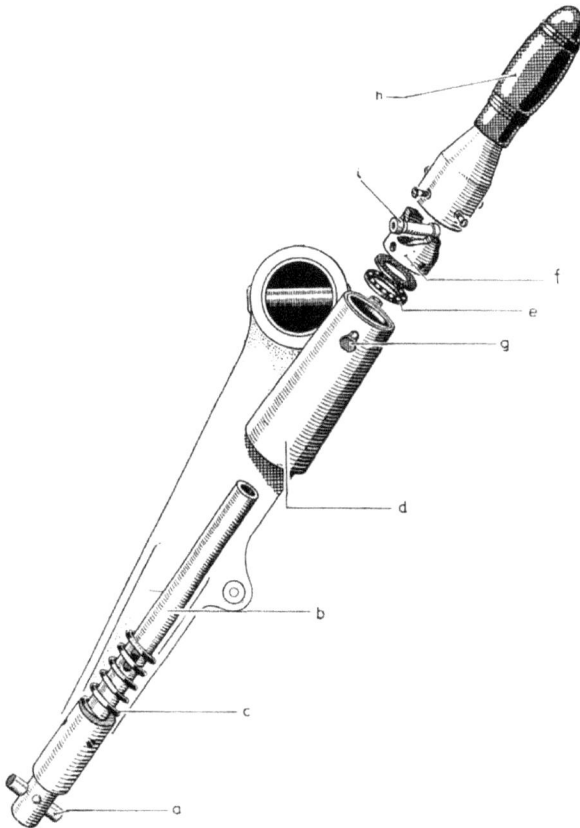

Abb. 30

m. Verschiedene Einbauten

Führersitz

Am linken Arm des Sitzträgers muß die Sitzverstellvorrichtung wie folgt angebracht werden: Verstellklaue (30a) auf das Rohr (30b) schieben und befestigen. Feder (30c) über das Rohr (30b) streifen. Rohr (30c) von unten in das Lagergehäuse (30d) einführen und durch eine Schraube (30g) befestigen, auf welcher das Rohr mittels Langloch gleitet. Längslager (30e) und Kurvenring (30f) über Rohr (30b) streifen, den Achsbolzen (30i) einsetzen und den Handgriff (30h, 6m) anbringen.

Nachdem die Raste (14k) für die Sitzverstellung an der linken Sitzbrücke (14i) angebracht ist, wird der Sitzträger in den Rumpf gebracht und an beiden Sitzbrücken drehbar befestigt.

Nachdem die Sitzwanne mit der Schultergurtverstellung versehen ist, wird dieselbe auf den Sitzträger gesetzt und befestigt. Die beiden Lenkhebel der Sitzwanne an den U-Schienen befestigen, die an der Rückwand des Führerraumes angeordnet sind. Die beiden Gewichtsausgleichs-Gummizüge an dem Sitzträger und der Führerraumrückwand befestigen.

Hierauf prüfen, ob die Sitzverstellvorrichtung einwandfrei arbeitet und die Sitzwanne beim Verstellen nicht aneckt.

Windschutz

Abwurfvorrichtung und Windschutz wie folgt einbauen: Handhebel (6n, 31a) links vom Führersitz am Rumpfobergurt (31b) lagern. Schieber (31c) mit angebauter Stoßstange (6o, 31d) in die mit reichlich Fett versehene Schieberführung (31e) einbringen; hierbei die quer hinter dem Führersitz verlaufende Verbindungsschiene (31f) der beiden Bolzenhalterungen (31g) ganz nach links drücken. Stoßstange (6o, 31d) am Handhebel (6n, 31a) anlenken.

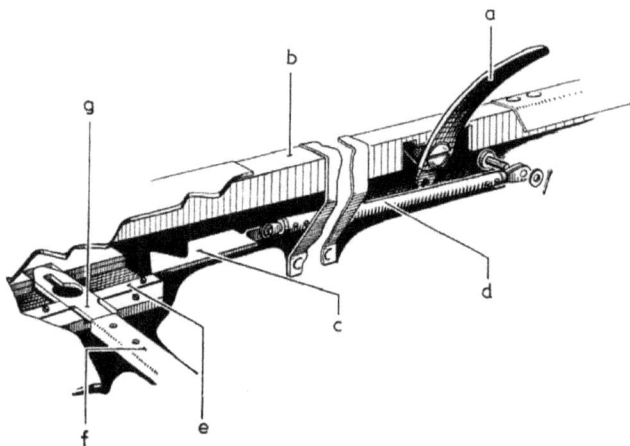

Abb. 31

Windschutz-Vorderteil vor Führerraum rechts und links an den Rumpfobergurten befestigen. Schrauben von unten nach oben einführen. Die beiden vorderen Schrauben durch Federringe, die beiden hinteren durch Draht sichern.

Das Windschutz-Mittel- und Endteil wie folgt anbauen: In den Bohrkopf einer Bohrmaschine einen Sonderstempel einspannen. Stift (32a) in Hülse (32b) einsetzen und Feder (32c) in Hülse einführen. Mittels Bohrmaschine die Feder in die Hülse drücken und einen Stift in Loch (32d) einsetzen.

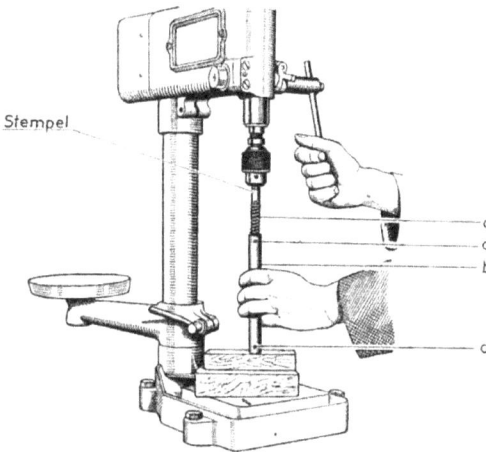

Stempel

c
d
b

a

Abb. 32

Hierauf Handhebel (6n, 31a) nach vorne legen - Bolzenhalterungen (31g) werden freigegeben. Schiene (31f) der Bolzenhalterungen (31g) in Pfeilrichtung (Abb. 33) drücken. Je einen mit harzfreiem Fett versehenen Auslösebolzen (33a, 35c) in die Bohrung des rechten und linken Rumpfobergurtes einsetzen. Schiene der Bolzenhalterung (31f) gegen Pfeilrichtung (Abb. 33) drücken. Hierbei muß die Bolzenhalterung in die Ausfräsung der Bolzen eingreifen und diese festlegen. Hebel (6n, 31a) nach hinten legen und durch Winkellitze sichern.

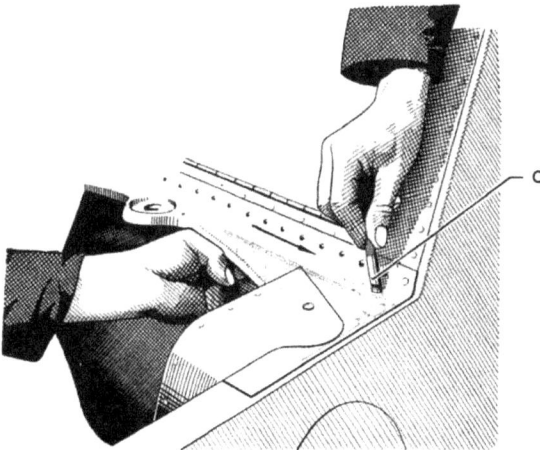

a

Abb. 33

Jetzt mit zwei Mann (einer im Führersitz) Mittel- und Endteil aufbringen. (Mittelteil dabei aufgeklappt.) Hierbei muß der mit Fett versehene Stift (34a) - an der rechten Seite - des Mittelteiles in das Vorderteil eingreifen.

Endteil

Auslösebolzen

Abb. 34

a

Endteil geradestellen und die Federhülsen (32 b, 35 a) auf die Böcke (35 b) - an Führerraum-Rückwand - setzen und Endteil nach vorn unten drücken (muß über die Auslösebolzen (33 a, 35 c) greifen), so daß die Federhülsen (32 b, 35 a) zwischen den beiden Böcken (35 b) sitzen. Federhülsen so drehen, daß die Stifte (32 a und 32 d) in die Aussparungen an den Böcken greifen.

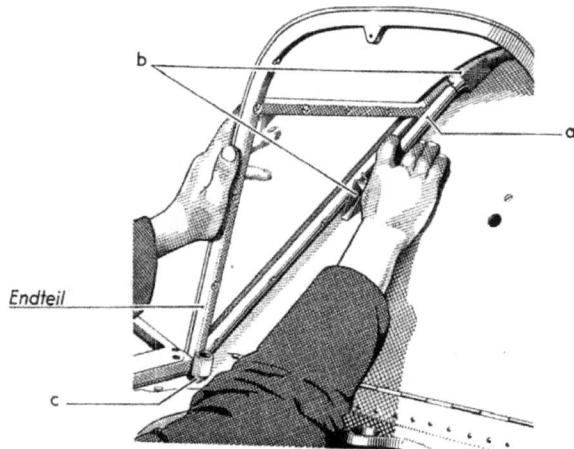

b

a

Endteil

c

Abb. 35

Auf die Auslösebolzen (33 a, 35 c) Federn stecken, mit einem Sonderschlüssel zusammendrücken und Rundmuttern aufschrauben. Muttern fest anziehen, dann eine halbe Umdrehung nachlassen, damit die Federn wirksam werden können. Rundmuttern durch Draht sichern, der am Windschutz-Endteil befestigt wird.
Das Mittelteil und Endteil müssen mit dem Vorderteil bzw. mit dem Rumpf glatt abschließen. Ist dies der Fall, dann die Stifte (32 a, 32 d) mittels Zange aus Federhülsen herausziehen.

Verkleidungsbleche

Bodenblech im Führerraum über den Steuerknüppel stülpen und mit dem Zwischenboden verschrauben. Ferner werden sämtliche Rüstöffnungen verschlossen und Verkleidungsbleche angesetzt. Nach Leitwerksanbau das Rumpfendteil (22 a) sowie die Schlitzverkleidung zwischen Rumpf und Tragfläche bzw. Leitwerk ansetzen.

III. Leitwerk

a. Landeklappen

Landeklappen an die Lagerstellen der Tragfläche setzen und das mittlere und innere Lager mittels Bolzen befestigen. Bolzen in Richtung Rumpf einführen.
Die Stoßstangen (16 h) bei angestellten Landeklappen anschließen.
Nachdem die Querruder angebaut sind, muß zum Einstellen der Landeklappen an jeder ein Winkelmesser (44 b) angebracht werden. Mittels des Handrades (14 a) Landeklappen anstellen. Verstellköpfe der Stoßstangen so lange verstellen, bis die vorgeschriebenen Klappenausschläge (vgl. Anlage 12) erreicht sind. Vgl. auch II. Rumpf und Tragfläche, e. Steuerung.

b. Querruder

Querruder an den Tragflächen befestigen. Das innere Lager der Querruder sowie das äußere Lager der Landeklappen werden durch einen gemeinsamen Bolzen befestigt. Die aus der Tragfläche herausragende Stoßstange (16 i) am Querruder anschließen.
Auch hier Ruderausschläge (vgl. Anlage 12) mittels Winkelmesser (44 b) und Verstellen der Stoßstangen-Verstellköpfe einstellen.

c. Vorflügel

Die an die Fläche gehobenen Vorflügel mit ihren Lagerbeschlägen (18 a) in die Lagergabeln (18 d) der Koppel setzen und befestigen. Die Bolzen-Einführungslöcher in der Tragfläche durch Stoffscheiben verkleben. Einstellung der Vorflügel mittels Arbeitslehre (vgl. Anlage 12).

d. Seitenleitwerk

Seitenflosse so auf das Rumpfende setzen, daß die Anschlußlasche (36 a) an der Vorderkante in die Anschlußgabel (36 b) oben auf dem Rumpf greift.
Gleichzeitig wird der Holm der Seitenflosse an den Anschlußbeschlägen (37 a) des Rumpfendteiles befestigt. Die Seitenflosse außerdem mit ihrem unteren Beplankungsrand am Rumpfende befestigen.

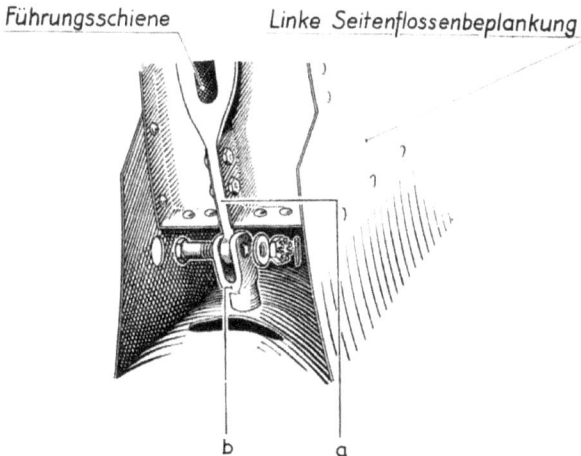

Führungsschiene   Linke Seitenflossenbeplankung

Abb. 36

b   a

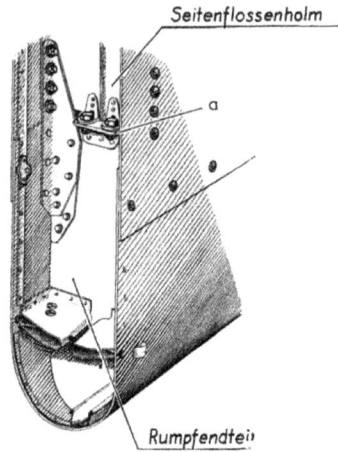

Seitenflossenholm

a

Rumpfendteil

Abb. 37

Vor Anbau des Seitenruders muß die Höhenruder-Antriebswelle (40a) angebaut werden (vgl. e. Höhenleitwerk). Nachdem das Seitenruder mit drei Ruderzapfen versehen ist, wird dieses so an die Flosse gebracht (hierbei muß die elektrische Leitung für das Hecklicht verbunden werden), daß die Ruderzapfen zwischen die Lager (38a) greifen. Die Befestigungsbolzen (38b) von rechts nach links durch die Rüstlöcher (38c) einführen und Abstandsrohr (38d) aufsetzen.

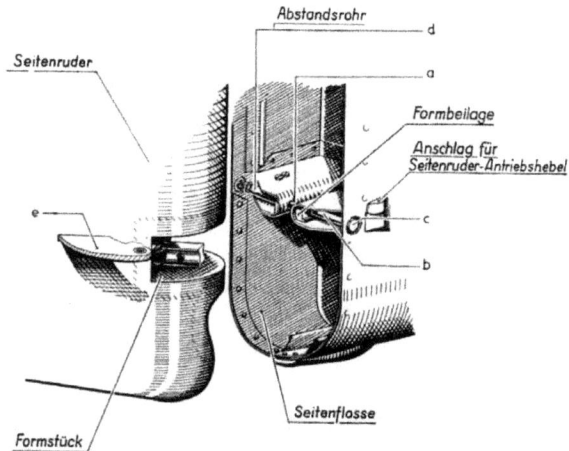

Abstandsrohr
d
Seitenruder
a
Formbeilage
Anschlag für
Seitenruder-Antriebshebel
e
c
b

Abb. 38

Seitenflosse
Formstück

Nachdem die Steuerseilzüge an dem Seitenruder angeschlossen sind, ist die Seitensteuerung wie folgt einzustellen: Unter das Seitenruder eine Gradschablone (39a) legen und an Hinterkante Seitenruder sowie Drehpunkt des Ruders je eine Lotschnur (39b) anbringen und nach diesen die Schablone ausrichten. Bei Mittelstellung Fußhebel muß das Seitenruder in O-Stellung stehen. Nun Ruder ausschlagen und durch Verstellen der Steuerseilzüge den richtigen Ruderausschlag nach Anlage 12 einstellen.

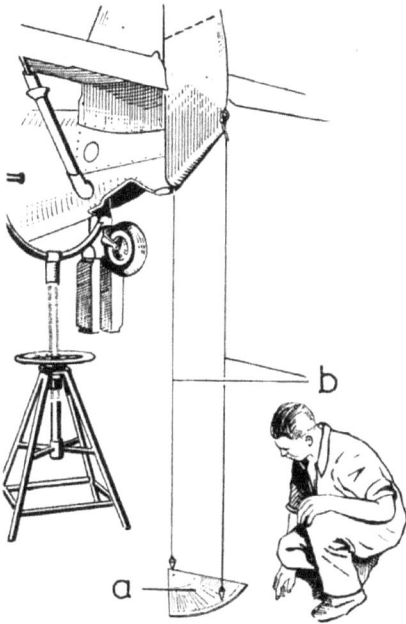

Abb. 39

e. Höhenleitwerk

Vor Anbau des Seitenruders an die Seitenflosse die Höhenruder-Antriebswelle
(40 a) einsetzen. Diese muß an Hinterkante Seitenflosse in den Aussparungen
(40 b) ruhen.

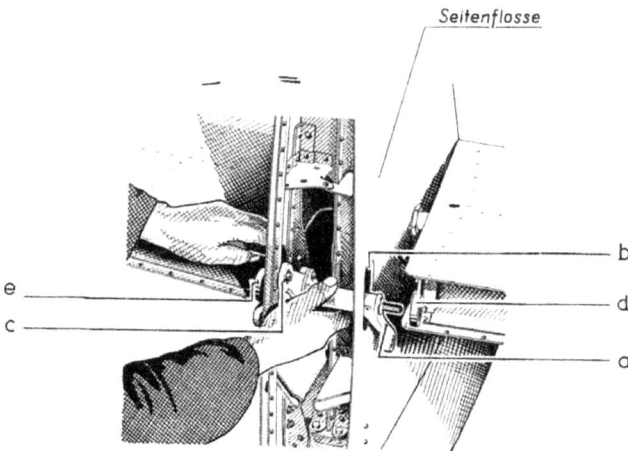

Seitenflosse

Abb. 40

Die Antriebsstoßstange für das Höhenruder durch die Aussparungen der Seitenflosse in diese einführen und an die Hebel (11 a) und (40 c) anlenken.
Gabelwelle (41 a) für die Höhenflossen-Lagerung von links in die Seitenflosse
einführen und von rechts Sicherungsblech (41 b) aufsetzen. Nachdem Mutter
(41 c) aufgeschraubt, wird diese durch Blech (41 b) gesichert.

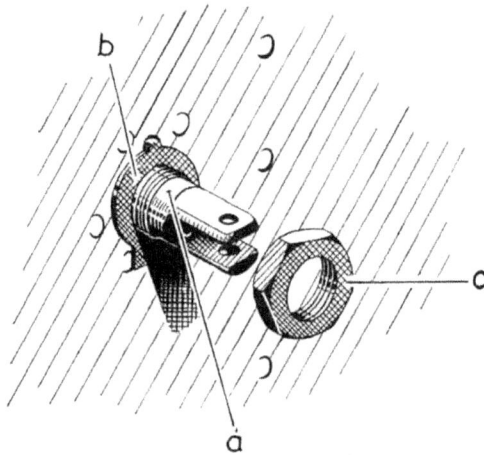

Abb. 41

Als nächstes im Rumpfteil 8 zwei Ösenköpfe (11 d) anbringen, auf welche die Höhenflossen-Abstützstreben (42 a) geschraubt werden.
Die Höhenflossenhälften vor Anbau wie folgt verbinden. Anschlußlasche (43 c) der rechten Hälfte in Schäkel (43 b) einführen und Gabel (43 d) der linken Flossenhälfte darüber schieben. Nun heben drei Mann die Höhenflosse über die Seitenflosse. Befindet sich die Höhenflosse in Einbaulage, so wird durch Nachhinten-ziehen der Flosse der Führungsbolzen in die Gleitbahn der Seitenflosse gebracht. Linke Flossenhälfte mit Gabelwelle (41 a) verbinden. Bolzen durch Rüstloch einführen.
Jetzt Antriebswelle (40 a) für Höhenruder in das linke Lager (40 e) einsetzen und unter Beidrücken der rechten Flossenhälfte in das Lager (40 d) einführen. Hierauf rechte Flossenhälfte an Gabelwelle (41 a) anschließen.
Nachdem die dreiteilige Verkleidung über die beiden Abstützstreben (42 a) gestreift ist, werden letztere auf die Ösenköpfe (11 d) und Gewindestücke in der Höhenflosse aufgeschraubt.

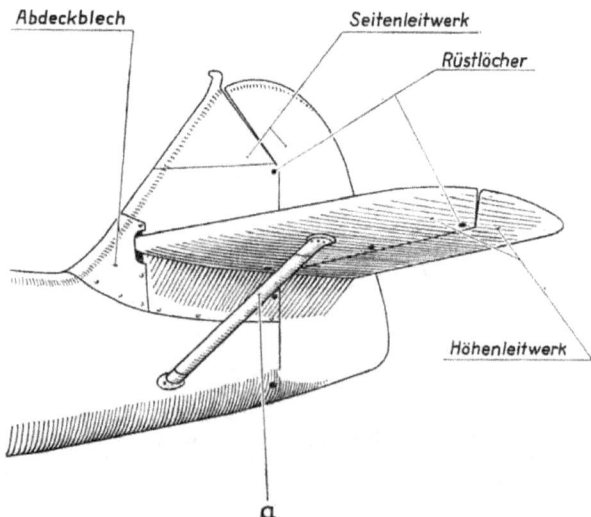

Abb. 42

Verstellspiel (43a) bis zur Hälfte herausdrehen und mit Schäkel (43b) der Flosse verbinden.

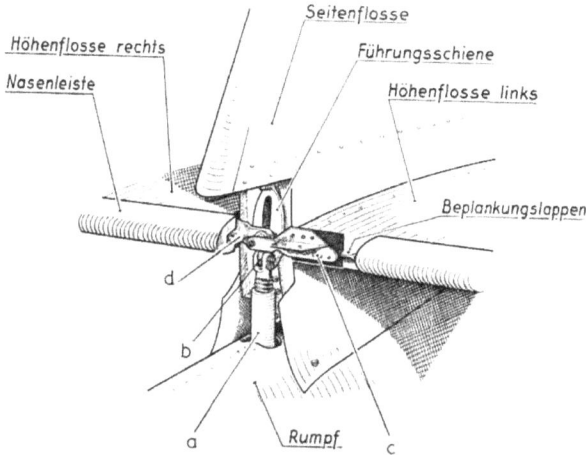

Seitenflosse
Höhenflosse rechts
Führungsschiene
Nasenleiste
Höhenflosse links
Beplankungslappen

Abb. 43

d
b
a
Rumpf
c

Bei in Waage stehendem Rumpf muß die Flosseneinstellung gleich 0° sein. Die Einstellungs-Grade sind aus Anlage 12 zu ersehen und werden durch Verstellen der Spindel (43a) eingestellt.

Messung des Einstellwinkels erfolgt mittels Arbeitslehre (44a und Anlage 12) und Winkelmesser (44b).

b
a

Abb. 44

Die Höhenruderhälften (45a) an den Hebelarmen (45c) der Antriebswelle (40a, 45b) und den Lagerstellen befestigen.

Hierauf am Höhenruder einen Winkelmesser (44b) befestigen und durch Verstellen der Seilzüge und Stoßstangen Ruderausschläge einstellen, bis die in Anlage 12 angegebenen Ausschläge erreicht sind.

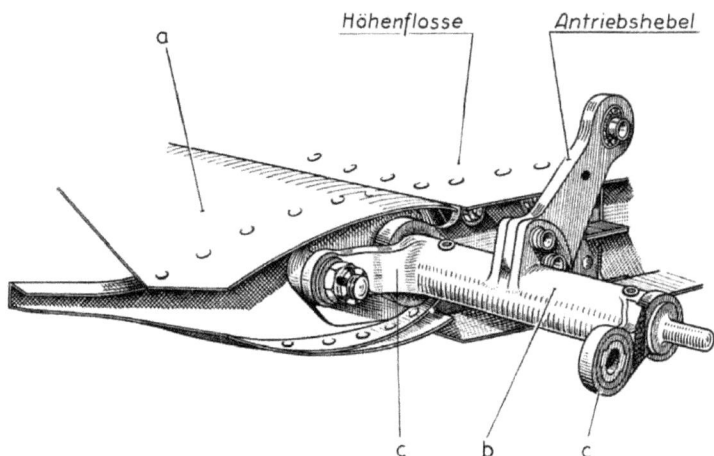

Höhenflosse   Antriebshebel

Abb. 45

IV. Triebwerk

a. Motorträger und Motor

An den auf einen Bock abgesetzten Motor die Motorträger (46b) anbauen

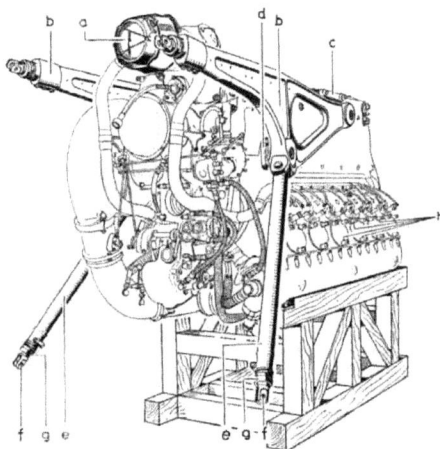

Abb. 46

Nachdem in die vorderen Motorbratzen (46c, 47a) der Paßring (47b) und Bolzen (47c) und in die hinteren Bratzen (46d, 48a) der Bolzen (48h) eingesetzt sind, werden die Motorbratzen am Motor angebaut. Die Bolzen durch einen Ring (47d bzw. 48b) sichern.

Hierauf die Buchse (47e bzw. 48c) sowie Gummiring (47f bzw. 48d) auf die Motorbratzen streifen und die Gummimuffe (47g bzw. 48e) in die Lagerungen der Motorträger einsetzen.

Jetzt Motorträger über die Bratzen schieben - darauf achten, daß die Muffen nicht beschädigt werden und einwandfrei sitzen - Gummiring (47h bzw. 48f) sowie Deckel (47i bzw. 48g) ansetzen und Bolzen (47c bzw. 48h) verschrauben.

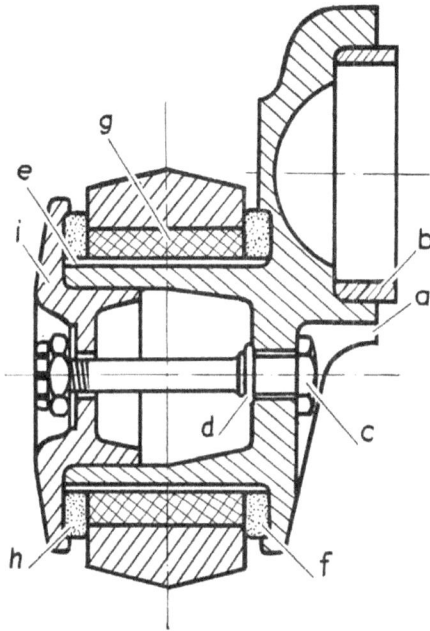

Abb. 47

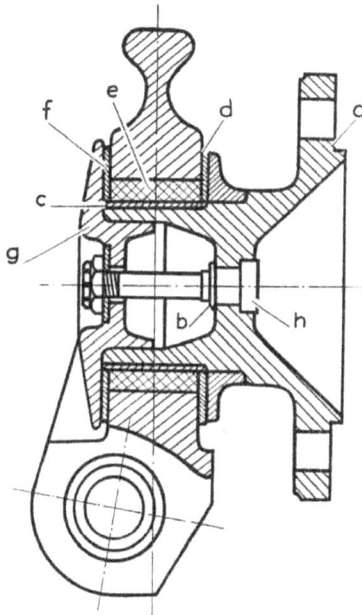

Abb. 48

Nachdem die Abfangstreben (46e, 49a) an den Motorträgern und die Gabelköpfe (46f) mit den Verschraubungen (46g) an der Rumpfstirnwand bzw. an den

Fahrwerksböcken (7 a, 49 b) befestigt sind, wird die Heißvorrichtung (49 c) am Motor angebracht und in einen Kran gehängt.

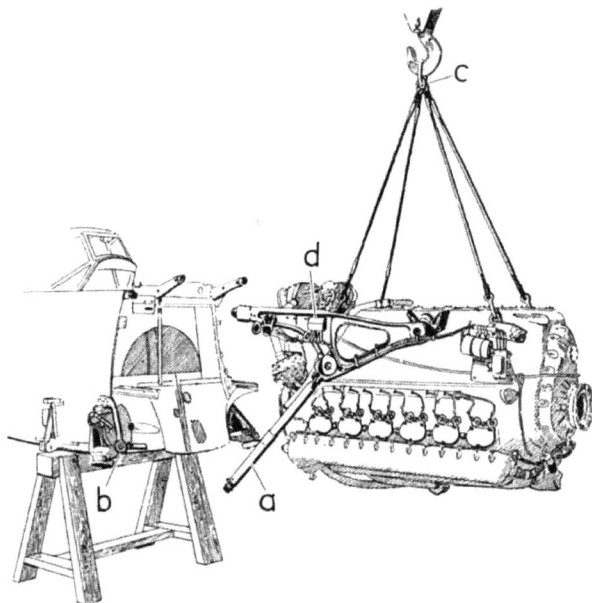

Abb. 49

Jetzt Motor vor den Rumpf bringen und die Motorträger (46 b) sowie Abfang-streben (46 e) mit den Verschraubungen (46 g) leicht befestigen.

Nun Motorquerachse ausrichten. Zu diesem Zweck die auf 0° eingestellte Win-kelwasserwaage an die von der vorderen Motorbratze (46 c, 47 a) nicht bedeckte Paßfläche des Motors ansetzen. Abfangstreben (46 e) und Querverstrebung des rechten Motorträgers so lange verstellen, bis Libelle der Winkelwasserwaage (50 a) einspielt.

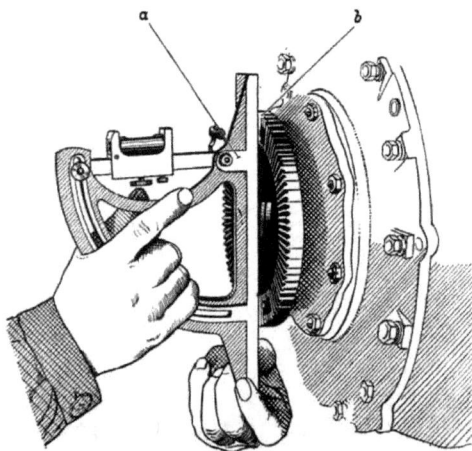

Abb. 50

Für die Ausrichtung in Längsachse wird die auf die 1° 20′ eingestellte Winkelwasserwaage (50a) an den Motorflansch (50b) angesetzt. Auch hier die Abfangstreben (46e) so lange verstellen, bis die Libelle der Winkelwasserwaage einspielt.
Hierauf die Verschraubungen (46g) anziehen und sichern.
Hierauf die mit einem Lederschutz versehenen Motorfangseile anbringen, und
zwar über das Seil (57a, 51e) das Seil (61a) mit seinen Kauschen streifen. Seil
(61a) unten und Seil (57a, 51e) vorn um den Motor legen. Nachdem das hintere

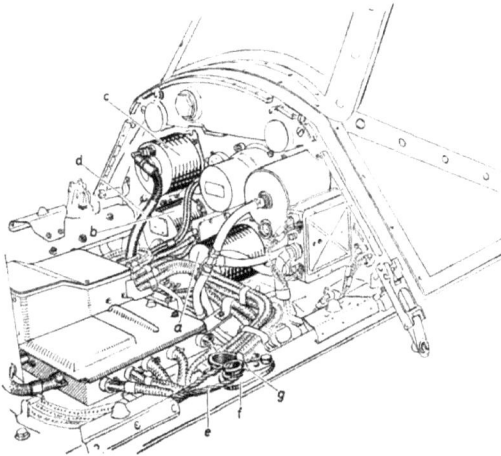

Abb. 51

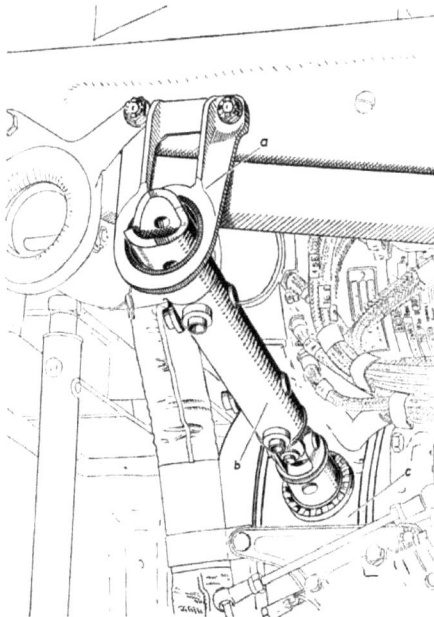

Abb. 52

Seil, welches hinten oben über den Motor gelegt wird, übergestreift ist, werden die beiden Enden des Seiles (57 a, 51 e) in die Beschläge (51 f) am Obergurt eingehängt und durch eine Feder (51 g) gesichert.

Für die Andrehvorrichtung des Motors eine Zwischenwelle (52 b) in den Anlasser (52 c) einsetzen und befestigen. Zwischenwelle durch ein Lager (52 a) abstützen.

b. Kraftstoffanlage

(vergl. Anlage 13)

Die aus Rohren und biegsamen Schläuchen bestehenden Kraftstoffleitungen müssen mit einem gelben Farbanstrich versehen werden. Die Durchflußrichtung des Kraftstoffes an den Leitungen durch schwarze Pfeile kennzeichnen. Das Anschließen sowie Verbinden der Leitungen erfolgt durch Rohrverschraubungen und Schwenkanschlüsse, die durch Draht gesichert werden müssen. An den Rumpfdurchtrittsstellen werden die Leitungen an Flanschstutzen bzw. Flanschmuffen angeschlossen. Sämtliche Leitungen mehrfach haltern.

Alle Schläuche und Rohre müssen an den Berührungsstellen mit anderen Bauteilen in einer Länge von 40 mm mit Perkalgewebe zweimal fest umwickelt und verklebt werden. Die Schläuche in einem großen Bogen verlegen, um ein Knikken zu verhüten. Das Anschließen der Leitungen sowie das Verbinden der einzelnen Armaturen untereinander bzw. mit dem Kraftstoffbehälter erfolgt nach Anlage 13.

Der mit Haupt- und Nebentankkopf versehene Kraftstoffbehälter wird in den Behälterraum gebracht und hier mit Spannbändern befestigt.

Ein Außenbordanschluß (27 c) wird links oben im Rumpfteil 5 eingebaut.

Für die Filterbrandhahn-Armaturen (53 a) unter dem Fußboden hinter der Rumpfstirnwand zwei Halterungen (53 b) anbringen, die jede durch zwei Stützen (53 c) an der Rumpfstirnwand abgestützt werden. Armaturen mittels Schraubstutzen an den Halterungen (53 b) befestigen. Beide Armaturen (53 a) durch eine Welle (53 d) miteinander verbinden, die auf die Vierkante der Armaturwelle geschoben wird. Beim Anbringen der Welle (53 d) darau achten, daß die Zeiger der Armaturen in gleicher Stellung stehen (vgl. E. Prüfanleitung, b. Triebwerksgestänge).

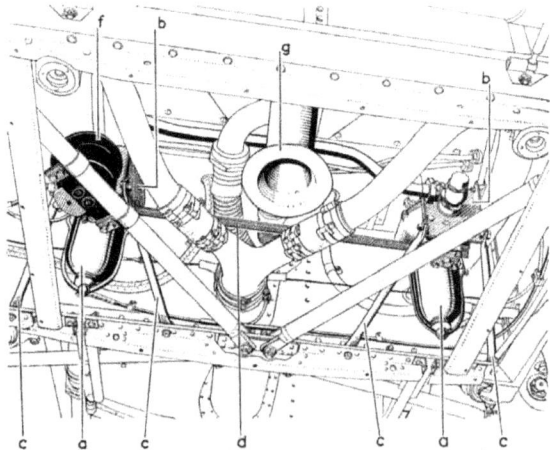

Abb. 53

Anlaßpumpe (54 a, 28 b) an der rechten Seite im Führerraum an den Unterbau (54 b) befestigen.

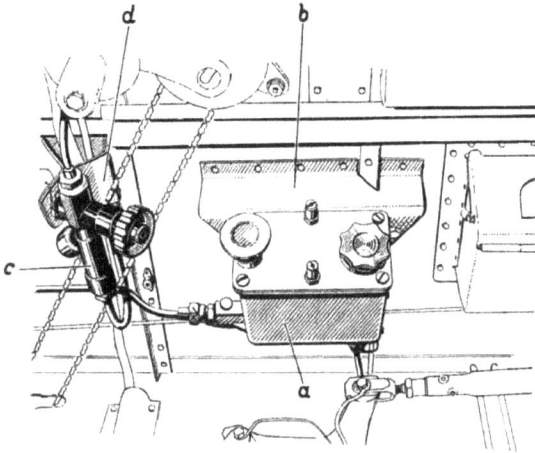

Abb. 54

Unten im Rumpfteil 5 einen Trichter anbringen, in welchem das Uberlauf- (27 e)
und Entlüftungsrohr (27 d) vom Außenbordanschluß mündet.

Das Anzeigegerät für den Kraftstoff- und Schmierstoffdruck in die untere Gerätetafel einsetzen.

Kraftstoffvorratsmesser M 6 (26 s) sowie Reststandsanzeigelampe M 7 (26 t) in
untere Gerätetafel einbauen. Ein Vorratsmesser-Geber M 8 und Motor für Kraftstoffpumpe M 9 werden im Tankkopf befestigt. Einen Schalter M 10 für Motor M 9
im Führerraum an der rechten Seite anbringen. Die Verbindung der Geräte untereinander siehe Anlage 8.

c. Schmierstoffanlage

(Vgl. Anlage 14).

Auch hier als Leitungen Rohre und biegsame Schläuche verlegen, die mit einem
braunen Farbanstrich versehen werden. Die Durchflußrichtung des Schmierstoffes
an den Leitungen durch schwarze Pfeile kennzeichnen. Anschluß und Verbindung

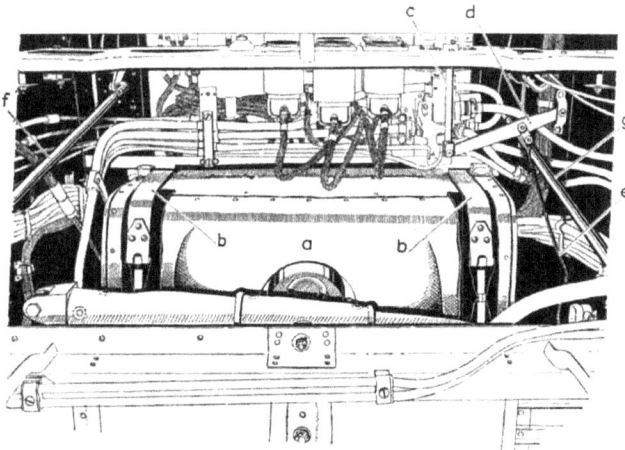

Abb.
55

der Leitungen erfolgt durch Überwurfmuttern und Verschraubungen, die durch Draht zu sichern sind. An den Berührungsstellen mit anderen Bauteilen sind die biegsamen Schläuche und Rohre in einer Länge von 40 mm mit Perkalgewebe zweimal fest zu umwickeln und zu verkleben.

Die Verbindung des Schmierstoffbehälters usw. mit den Schmierstoffleitungen erfolgt nach Anlage 14.

Den mit seinem Kühlmantel (55a) versehenen Schmierstoffbehälter vor Einbau der Gerätetafel vom Führerraum aus so hinter die Rumpfstirnwand setzen, daß der Stutzen für den Kühlluftkanal nach hinten liegt. Die Befestigung erfolgt mittels Spannbändern (55b).

Nachdem am Behälter die Vor- und Rücklaufleitung angeschlossen ist, wird der Kühlluftkanal (53g) angebracht.

Die am Einfallstutzen des Schmierstoffbehälters angebrachte Manschette mit der Rumpfwand verbinden.

Für den Schmierstoffkühler (56a) am Motor an den Wannen der Nockenwelle zwei Halterungen (56b) anbringen, an welchem der Schmierstoffkühler (56a) aufgehängt wird.

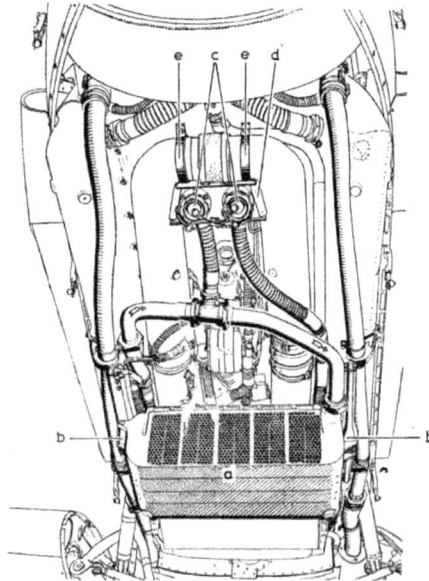

Abb. 56

Zwei Heißölauffüllverschraubungen (56c) werden an einer Halterung (56d) befestigt, die unter dem Motor mit zwei Schellen (56e) angeschellt wird.

Nach Anbau der Schmierstoffkühlerverkleidung muß die Kühlerklappe mit dem Hebel (6c) durch einen Drahtseilzug (24g) verbunden werden.

Den Zug für die Spaltfilter-Betätigung in das hintere Teil der Schmierstoffkühlerverkleidung so einbauen, daß Spaltfilter durch Feder immer nach oben gedrückt wird.

Je ein Fernthermometer M2 bzw. M3 für Schmierstoff-Eintritts- und Austritts-Temperatur ist in die Schmierstoffleitung einzuschrauben (vgl. Anlage 14). Das Anzeigegerät M4 wird in die untere Gerätetafel (vgl. Anlage 6) eingesetzt.

d. Kühlwasseranlage

(vgl. Anlage 15).

Die mit einem grünen Farbanstrich versehenen Leitungen durch Gummimuffen miteinander verbinden. Gummimuffen durch Schlauchbinder befestigen. Der Abstand zwischen zwei zu verbindenden Rohren muß 3 mm betragen. Die Durchflußrichtung des Kühlwassers durch schwarze Pfeile an den Rohren kennzeichnen. Das Verbinden und Anschließen der Rohre erfolgt nach Anlage 15. Rohre durch Stützen und Schellen mehrfach haltern.

Kühlwasser-Ausgleichsbehälter (57 b, 61 e) an Stirnseite des Motors mittels Spannbändern befestigen.

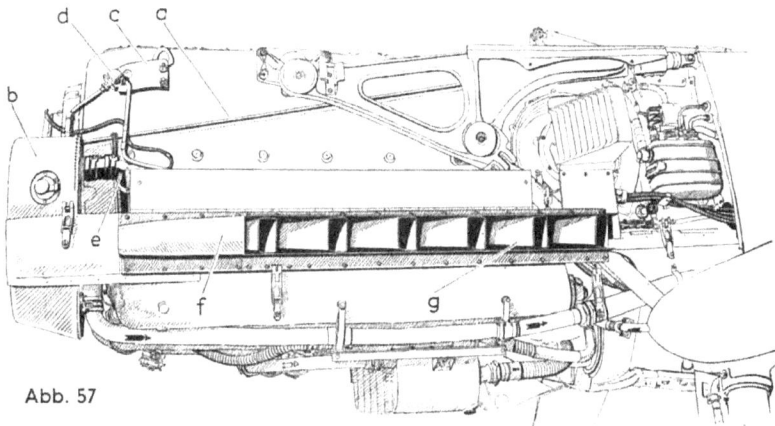

Abb. 57

Vorn an der rechten und linken Motorseite an den Heißösen je eine Halterung (57 c und 61 i) anbringen, an welchen je ein Druckausgleichsventil (57 d, 61 k) befestigt wird.

Hierauf die Wasserkühler (58 c) an den vier Gummipuffern (58 d) befestigen, die vorher an den Tragflächenteilen angebracht werden.

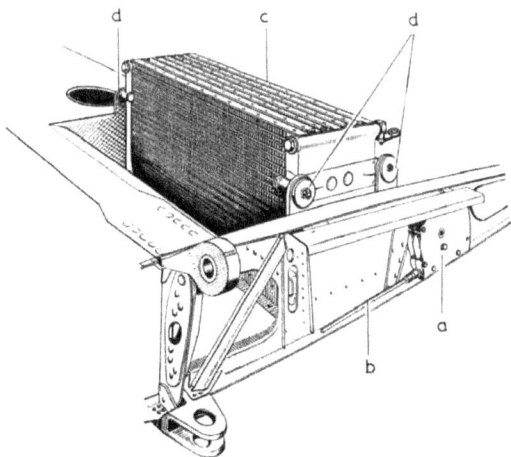

Abb. 58

Nun die Kühlerverkleidung (59a) über den Kühler (58c) setzen und an der Tragfläche befestigen.

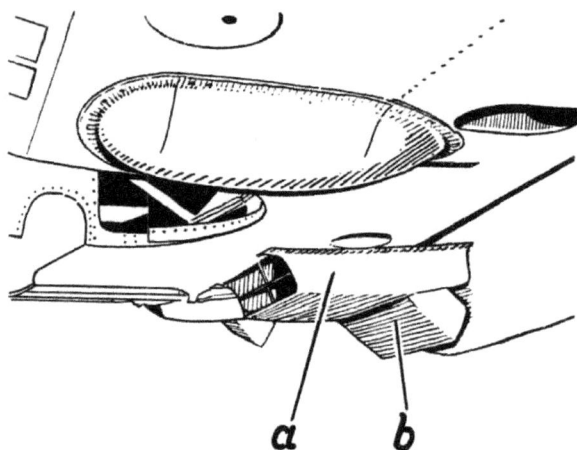

Abb. 59

Nachdem die Tragflächen angebaut und die Kühlerverkleidung (59a) mit der Kühlerklappe (59b, 60a) angebracht, sowie die Stoßstange (60b) angeschlossen ist, muß das Schneckengetriebe (58a) mit dem Winkeltrieb (8c) verbunden werden (vgl. II. Rumpf und Tragfläche, d. Triebwerksgestänge).

Die Anzeigestange (60c) durch die Tragfläche führen und an den beiden Winkeln (60d) der Kühlerklappen (60a) anlenken.

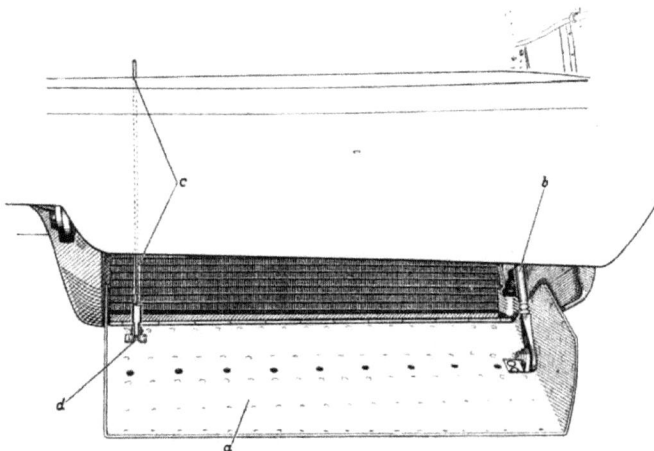

Abb. 60

Zum Übertritt der Kühlwasserleitungen von Triebwerksraum zur Tragfläche muß rechts und links im Rumpf je ein doppeltes Rohrstück angebracht werden, welche an Rückseite des Flächenträgers und der Rumpfwand befestigt werden.

Für die Kühlstofftemperaturmessung in unterer Gerätetafel ein Anzeigegerät M 5 einbauen. Die Tauchpatrone M 1 in den linken Krümmer (57e) der linken Leitung zwischen Motor und Ausgleichsbehälter einschrauben. Die zu verlegende geteilte elektrische Meßleitung zwischen Tauchpatrone und Anzeigegerät an Brandschottdose V 7 - Halterung an linker Seite des rechten Motorträgers - und Verteiler A 3 (49 d) anschließen (vgl. Anlage 8).

e. Auspuffanlage

Über die am Motor vorhandenen Stiftschrauben (46 h) der Auspuffkanäle Kupfer-Asbestdichtungen schieben und die seitlichen Verkleidungsbleche (57 f), die an der Motorstirnwand befestigt werden, anbringen. Die Auspuffstutzen (57 g) so ansetzen und befestigen, daß die kürzeren vorn und die längeren Stutzen hinten angebracht werden.

f. Luftschraube

An der rechten Motorseite die Halterung (61 b) anschrauben. Auf dieser Halterung den Verstellmotor E 1 (61 c) mittels Schellenband haltern und den Endbegrenzungsschalter E 2 (61 d) mit Schrauben befestigen.

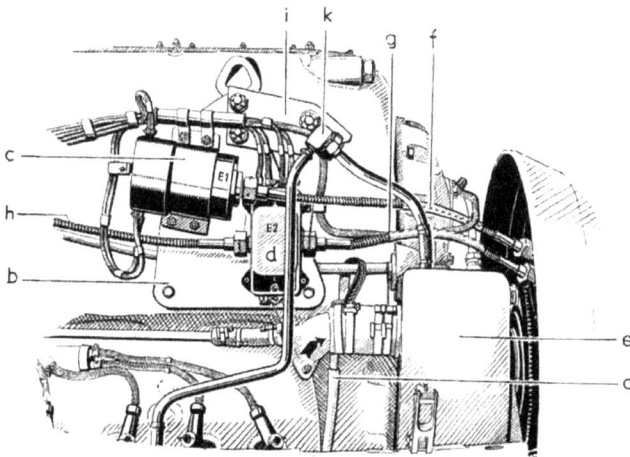

Abb. 61

Verstellmotor sowie Endbegrenzungsschalter durch biegsame Wellen (61 f und 61 g) mit dem Verstellgetriebe, und Endbegrenzungsschalter außerdem noch durch die Welle (61 h) mit dem mechanischen Anzeigegerät (26 u) in oberer Gerätetafel verbinden.
Verstellschalter E 9 (26 v) in die obere Gerätetafel einbauen und mit Verstellmotor E 1 sowie Endbegrenzungsschalter E 2 nach Anlage 8 verbinden.
Anbau der Luftschraube erfolgt nach LDv. 514.

g. Triebwerksverkleidung

Nachdem am Triebwerk alle Arbeiten ausgeführt sind, wird die Öffnung (7 h) im Brandschott durch ein Blech verschlossen, welches von der rechten Rumpfseite eingeschoben wird.
Sämtliche Verkleidungsbleche und die Luftschraubenhaube werden angesetzt und befestigt. Darauf achten, daß die Bleche einwandfrei anliegen und die Verschlüsse einwandfrei schließen.

C. Abbauleitung

Nachdem das Flugzeug im Freien enttankt (Kraft- und Schmierstoff sowie Kühlwasser und Öl der Öldruckanlage abgelassen) und das Bordnetz abgeschaltet
ist (vgl. A. Betriebsanleitung, II. Arbeiten nach dem Fluge) wird dasselbe in eine
Halle gebracht und der Abbau in umgekehrter Reihenfolge wie beim Aufbau
ausgeführt.

Stelle einige Behälter bereit, in welchen beim Lösen der Leitungen der in diesen
befindliche Kraft- und Schmierstoff sowie Öl und Wasser aufgefangen wird.

Sämtliche getrennte Rohre und Schläuche sowie Öffnungen am Motor gegen
Verschmutzung blind verschrauben bzw. verschließen.

Vor Beginn der Arbeiten entferne sämtliche Sicherungen an Schrauben usw. Ge-
löste Schrauben und Bolzen an den Teilen wieder leicht befestigen.

Achte beim Ausbau der Teile auf Abnützung der Schrauben- und Bolzenlöcher.
Evtl. müssen die Löcher aufgerieben bzw. nachgearbeitet werden (vgl. All-
gemeine Reparaturanleitung für BF-Ganzmetallflugzeuge).

Prüfe beim Ausbau die Teile auf Beschädigungen, und werden solche festgestellt, so sind die Teile nach der Ersatzteilliste BF 109 E zu ersetzen.

Ausgebaute Teile sofort reinigen und so abstellen, daß die Teile nicht beschädigt werden können. Kugellager mit Benzin auswaschen und nach dem Trocknen
neu einfetten.

Bei Reparaturen oder Auswechseln von Steuerungs- oder Leitwerksteilen ist auf
richtige Hebelstellung und Freigängigkeit aller beweglichen Teile gegenein-
ander zu achten.

Im Nachstehenden sind die Arbeiten aufgeführt, die besonders zu beachten sind.

a. Aufbocken des Flugzeuges

Vorn unter den Rumpf zwei Spindelböcke (Spindeln müssen in die Kugelpfanne
am Holmträger greifen) setzen und mit diesen Flugzeug so hoch schrauben, daß
Laufräder frei gehen.

Rumpfende aufbocken wie unter B. Rüstanleitung, II. Rumpf und Tragfläche,
a. Aufbocken des Rumpfes.

Sollen Arbeiten am Fahrwerk, Kraftstoff-Behälterraum oder sonst an der Unterseite des Flugzeuges ausgeführt werden, so kann das Flugzeug wie Abb. 62
zeigt, mit der Heißvorrichtung (62 a) in einen Kran genommen werden.

b. Verkleidungsbleche

Abnahme sämtlicher Verkleidungsbleche sowie Schlitzverkleidungen zwischen
Rumpf und Tragwerk bzw. Leitwerk.

c. Windschutz

Der Abbau des mittleren und hinteren Windschutzaufbaues erfolgt durch drei
Mann.

Antenne am Antennenmast lösen. Windschutz-Mittelteil aufklappen; ein Mann
drückt Endteil kräftig nach unten, ein weiterer Mann kniet im Führersitz gegen
Flugrichtung so, daß er zwei Lappen kräftig auf die beiden entsicherten Auslösebolzen drücken kann. Der dritte Mann zieht nun den roten Handhebel (am
linken Rumpfobergurt) nach hinten, wodurch die Auslösebolzen (33 a, 35 c) frei-

gegeben werden. Jetzt mit Druck auf Endteil dieses vorsichtig nachlassen und Mittel- und Endteil abheben.

d. Motor

Abgebaute Luftschraube auf Böcke ablegen; niemals auf die Flügelspitze stellen. Motor mit angebrachter Heißvorrichtung (49 c) in einen Kran hängen. Alle Brandschott-Durchführungen der Rohrleitungen sowie sämtliche Stoßstangen und Wärmemeßleitungen am Motor trennen. Dann zuerst die Motorabfangseile (51 e), dann die Motorträger (46 b) und hierauf die Abfangstreben (46 e) nur an den Verschraubungen (46 g) lösen (vgl. D. Triebwerkswechsel).

e. Fahrwerk

Zum Lösen der Kolbenstange von der Sperrklinke (19 c) des Federbeinkopfes ist mittels eines Sechskantschlüssels von der Tragflächenvorderkante her auf das Federgehäuse zu drücken und das Federbein so weit einzuschwenken, bis der Splintbolzen zugänglich wird.
Bremsölleitung am Bremsschild lösen und Bremsöl in bereitgestellten Behältern auffangen.

f. Gerätetafel

Bei Ausbau der Gerätetafel alle Leitungen an Rückseite der Geräte lösen.

g. Tragwerk

Vor Abbau der Tragflächenteile die vom Rumpf zur Fläche übertretenden Leitungen und Stoßstangen trennen bzw. ausbauen.
Wird nur ein Tragflächenteil abgebaut, so muß erst der Druckzylinder des Fahrwerks gelöst werden (vgl. e. Fahrwerk) und das andere Tragflächenteil durch einen Vierkantbalken abgestützt werden. Vierkantbalken an der Zurröse des Flächenteiles mittels Bolzen befestigen.

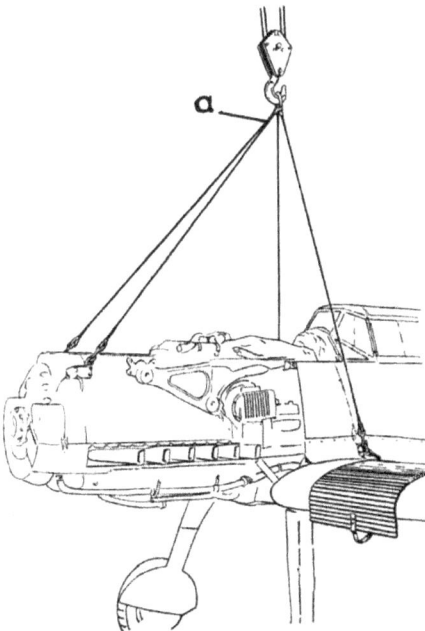

Abb. 62

D. Triebwerkswechsel

Um die Einsatzbereitschaft eines Flugzeuges bei beschädigtem Motor oder bei
Schäden innerhalb der Triebwerksanlage möglichst schnell wieder herzustellen,
muß ein Austausch der Triebwerksanlage von einem anderen Flugzeug mit gleicher Triebwerksanlage erfolgen.
Nach Bereitstellung der erforderlichen Bodengeräte (vgl. besondere Anleitung)
wird der Triebwerkswechsel wie nachstehend ausgeführt.

a. Ablassen der Betriebsstoffe

Außerhalb der Flugzeughalle die Schmier- und Kühlstoffanlage entleeren (vgl.
A. Betriebsanleitung, Flugzeugwart vor und nach dem Fluge, II. Arbeiten nach
dem Fluge).
Kraftstoffanlage nicht entleeren, aber Gefäße bereitstellen, um beim Lösen der
Leitungen den in diesen vorhandenen Kraftstoff aufzufangen.
Das gleiche gilt für die Öldruckanlage.

b. Abbau der Luftschraube

erfolgt nach LDv. 514.

c. Abbau des Triebwerkes

Bevor mit den Arbeiten begonnen wird, davon überzeugen, ob Bordnetz aus-
geschaltet ist. Um den Triebwerkswechsel ausführen zu können, muß die gesamte Triebwerksverkleidung sowie die Schußkanäle entfernt werden.

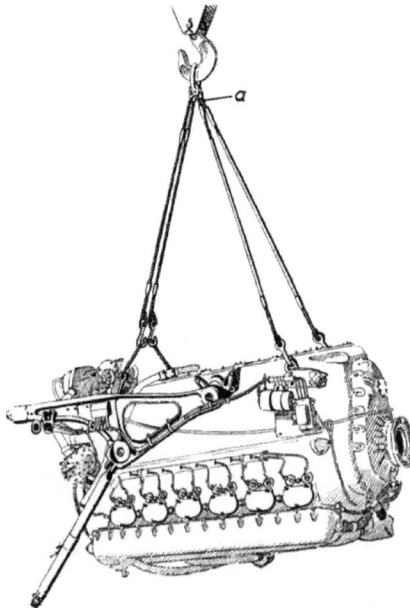

Abb. 63

Ist das Flugzeug für den Triebwerkswechsel aufgebockt, (d. h. in Waagerecht-stellung gebracht), dann an dem Motor die Heißvorrichtung (49 c, vgl. B. Rüst-anleitung, IV. Triebwerk) anbringen und diese in einen Kran hängen.
Erfolgt der Triebwerkswechsel in Spornlage des Flugzeuges, dann die Heißvor-richtung (63 a) so am Motor anbringen, wie es Abb. 63 zeigt.
Hierauf Trennung folgender durch einen weißen Farbring mit roten Längsstreifen gezeichneten Gestänge, Leitungen, Streben und zur Waffenausrüstung gehören-der Teile in der Trennebene (Brandschott), und zwar in der nachstehend auf-geführten Reihenfolge (vgl. hierzu Anlage 4). Die beiden MG 17 in ihren Lage-rungen sitzen lassen, um ein Nachjustieren der Waffen zu vermeiden.

1. Brandschottdose A 17, B 6 und V 7 am rechten Motorträger,
2. Trennstecker P 3 und P 5 für EKu 17,
3. Biegsame Welle für Verstelluftschraube,
4. Biegsame Welle für Drehzahlmesser,
5. Stoßdrähte am Doppelgeber,
6. Stoßstange für Schwungkraftanlasser,
7. Saug- und Überdruckleitung der Öldruckanlage,
8. Druckleitung der Öldruckanlage,
9. Kraftstoff-, Schmierstoff-, Ladedruck- und Einspritzleitung,
10. Saugleitungen der Kraftstoff-Förderpumpe,
11. Kühlwasser-Rücklaufleitung,
12. Kühlwasser-Vorlaufleitung,
13. Stoßstange für Gasregulierung,
14. Seilzüge für Ölkühlerklappe und Zündkerzenreiniger,
15. Rücklaufleitung von Einspritzpumpe,
16. Schmierstoff-Vorlaufleitung,
17. Schmierstoff-Rücklaufleitung,
18. Motorabfangseile,
19. Querverstrebung des rechten Motorträgers,
20. Motorträger,
21. Abfangstreben.

Hierauf Triebwerk mittels Kran vorsichtig nach vorn - n i c h t n a c h o b e n - vom Rumpf wegbringen, um ein Anecken an die über den Motor ragenden MG 17 zu verhüten. Ferner darauf achten, daß sämtliche Trennstellen gelöst und frei-hängende Teile nicht festgehakt bzw. festgeklemmt sind, damit diese beim Wegbringen des Motors nicht beschädigt oder abgerissen werden.
Motor auf einen Aufhängebock absetzen.

d. Anbau des Ersaztriebwerkes

Das zum Anbau gelangende Ersatztriebwerk mittels Kran vor den Rumpf bringen und an diesen in umgekehrter Reihenfolge wie unter c. Abbau des Triebwerks anbauen.
Das Ausrichten des Motors erfolgt nach B. Aufbauanleitung, IV. Triebwerk, a. Motorträger.

e. Auffüllen der Behälter

erfolgt nach A. Betriebsanleitung, Flugzeugwart vor und nach dem Fluge.

f. Prüfung

Vor Beginn der Motorprobe müssen sämtliche Verbindungsstellen auf einwand-freie Verbindung und Sicherung geprüft werden. Rohrleitungen auf Dichtheit prüfen.
Für die Bewaffnung ist eine Null-Schuß-Prüfung nach LDv. 228/3 vorzunehmen.
Motorprobe ist nach A. Betriebsanleitung vorzunehmen.

E. Prüfanleitung

Nach dem Zusammenbau des Flugzeuges oder einzelner Baugruppen müssen die aufgeführten Arbeiten einer gewissenhaften Prüfung unterzogen werden. Es muß geprüft werden, ob einwandfreie Einbauteile verwendet oder diese beim Einbau beschädigt wurden. Beschädigte Teile müssen sofort gegen neue einwandfreie ausgetauscht werden. Hierbei ist die Sauberkeit sowie Schmierfähigkeit der Schmiernippel und die Befestigung und Sicherung aller Einbauteile zu prüfen. Bei der Prüfung auch die allgemeinen Hinweise unter B. Rüstanleitung, I. Allgemeines beachten.
Nach Abschluß der Arbeiten Flugzeug nach liegengebliebenen Teilen wie Werkzeug, Material usw. absuchen, da durch diese Teile schwere Unfälle verursacht werden können.
Im Nachstehenden sind einige der wichtigsten Prüfungen, die nach dem Zusammenbau einzelner Baugruppen erfolgen müssen, aufgeführt.

a. Rumpf und Tragfläche

Die gesamte Rumpf- und Tragflächenbeplankung auf Einbeulungen, Stauchungen und Risse untersuchen. Die Beplankung muß spannungsfrei vernietet und die Nietung einwandfrei sein. Ist der Farbanstrich beschädigt, so muß dieser nach LDv. 521 ausgebessert werden. Die Verbindungsstellen von Rumpf und Tragfläche auf Anrisse, Befestigung und Sicherung prüfen.
Abwurfvorrichtung des Windschutzaufbaues durch Ziehen des Hebels (6 n, 31 a) prüfen. A c h t u n g ! Auf Windschutzaufbau drücken und beim Auslösen langsam nachlassen. Darauf achten, daß die Auslösebolzen (33 a) und die Federhülsen (35 a) einwandfrei gelöst werden. Wiederanbau des Windschutzaufbaues nach B. Rüstanleitung, m. Verschiedene Einbauten.

b. Triebwerksgestänge

Die Stoßstangen und Rohrsteuerungen für Gas-, Brandhahn- und Handpumpenbetätigung auf einwandfreien Anschluß, Schmierung (vgl. Anlage 3) und Leichtgängigkeit prüfen.
Das Gasgestänge muß in beiden Endstellungen gegen die Anschläge anliegen. Beide Filter-Brandhahn-Armaturen müssen mit der Welle (53 d) so verbunden sein, daß die an den Armaturen angeordneten Zeiger wie folgt in gleicher Schaltstellung zueinander stehen (vgl. DBU-Einbaublätter):

Brandhahn	Armatur	
	rechts	links
I. Betriebsstellung	auf	auf
II. Prüfstellung für Kraftstoffpumpen am Motor . .	zu	auf
III. Prüfstellung für Kraftstoffpumpen am Motor . .	auf	zu
IV. Brandhahn zu	zu	zu

Kraftstoffhandpumpe (rechte FBH - Armatur) bei aufgefülltem Kraftstoffbehälter und abgeschraubter Leitung (zwischen Armatur und Pumpe) auf Förderung prüfen.

Die Drahtzüge für Schwungkraftanlasser, Ölkühler und Kerzenabbrennung (Zünd-verstellung) sind auf einwandfreie Befestigung an den Angriffspunkten sowie Betätigung zu prüfen.

c. Steuerung

Bei der Prüfung der Steuerung auf Leichtgängigkeit müssen gleichzeitig die Ruderausschläge mittels Winkelmesser (44 b) nach Anlage 12 geprüft werden (vgl. A. Rüstanleitung, III. Leitwerk). Bei 0-Stellung der Ruder muß auch der Steuer-knüppel bzw. die Fußhebelwelle in Mittelstellung stehen.
Prüfe bei vollem Anstellwinkel (42°) der Landeklappen, ob die Querruder 12°30' mit angestellt werden.
Sämtliche Stoßstangen, Umlenk- und Zwischenhebel müssen von den Einbauteilen 5 mm Spiel sowie einwandfreie Schmierstellen haben.
Seiten- und Höhensteuerseilzüge müssen mit 20 kg Vorspannung eingebaut sein und dürfen bei Betätigung der Seilzüge die Rollenketten in den Endstellungen nicht auf die Kettenräder auflaufen.

d. Fahrwerk und Radsporn

Für die Fahrwerksprüfung sowie Prüfung der Öldruckanlage muß ein Außenbord-Handprüfgerät an die beiden Prüfstutzen (24 k und 24 m) der Öldruckanlage an-geschlossen werden.
Die Prüfung des Fahrwerks nur bei a u f g e b o c k t e m F l u g z e u g vornehmen (vgl. C. Abbauanleitung, a. Aufbocken des Flugzeuges).
Die vor Anbau auf Risse geprüften Fahrwerksböcke (7 a) nach Anbau auf ein-wandfreie Befestigung prüfen. Gleichfalls prüfe die Abstützstreben (7 f) auf Be-schädigungen und Befestigung.
Die Prüfung des Luft-Fülldruckes (25 atü unbelastet) sowie die Ölfüllung (1,1 Liter) der Luftölfederbeine sowie dieser selbst nach Betriebs- und Reparatur-Anwei-sungen für EC-Flugzeugbeine vornehmen. Die Reifendrücke der Anlaufräder (4 atü) und des Spornrades (3 atü) prüfen.
Beim Ein- und Ausfahren des Fahrwerk darf dieses nirgends scheuern, schleifen oder klemmen.
Prüfe die an den Federstreben angebrachten Verkleidungsbleche auf ihre Be-festigung und achte darauf, daß die Bleche bei eingezogenem Fahrwerk den Streben- und Radkanal einwandfrei abdecken.
Die Federbeine müssen beim Einfahren des Fahrwerks an den Rippen 1 der Trag-fläche freigehen und dürfen im Strebenkanal nirgends anliegen. Es ist zu be-achten, daß beim Einfahren die Federbeine im letzten Moment übermäßig Druck bekommen und dann die Kolbenstange am Strebenkanal anecken kann. Diese Stelle im Strebenkanal dann nacharbeiten.
Die Einziehzylinder müssen auf ihrer ganzen Länge freigehen.
Bei eingefahrenen Federbeinen dürfen die Federbeinköpfe auf keinen Fall gegen die Fahrwerksböcke stoßen, sonst Kolbenstange durch Verstellkopf kürzen.
Prüfe, ob bei ausgefahrenen Federbeinen das Spiel zwischen Feststellstein (19 d) und Sperrklinke (19 c) nicht mehr als 0,2 mm beträgt und die Klinke voll in den Stein einrastet.
Beim Einfahren des Fahrwerks muß auch der Radsporn mit eingezogen und ein-wandfrei festgestellt werden. Beim Ausfahren des Fahrwerks muß der Sporn herauskommen und einklinken, ehe das Fahrwerk ausklinkt; andernfalls das Drosselventil (25 c) verstellen (vgl. Anlage 5).
Das eingefahrene Fahrwerk mittels Notzug (26 q) ausklinken und prüfen, ob die Sperrklinke (19 c) am Feststellstein (19 d) einwandfrei einrastet.
Bei eingeschaltetem elektrischen Fahrwerks-Anzeigegerät (26 c) müssen bei aus-gefahrenem Fahrwerk die grünen und bei eingefahrenem Fahrwerk die roten

Lampen aufleuchten. Lampen dürfen erst aufleuchten, wenn Fahrwerk die eine oder andere Endstellung erreicht hat.

Kipphebel (19 h) des Warnschalters (19 f) darf nicht zwischen Stein (19 d) und Klinkenlagerauge klemmen.

Die Anzeigenippel der mechanischen Anzeigevorrichtung (26 d) müssen in beiden Endstellungen des Fahrwerks an den entsprechenden Markierungspunkten stehen. Einstellen erfolgt durch Kürzen oder Verlängern der Bowdenzüge.

Das elektrische Warnsignal (Boschhorn) muß ertönen, sowie die Landeklappen bei eingezogenem Fahrwerk 1° angestellt sind und müssen verstummen, sowie Fahrwerk in ausgefahrenem Zustand eingerastet ist.

Nach Abschrauben der Einfüllverschraubung prüfe den Inhalt der Bremsanlage. Ölspiegel muß in Höhe der Einfüllverschraubung stehen.

Das Einstellen sowie Auffüllen der Bremsanlage erfolgt nach Anleitung der Firma Elektron-Co, Cannstatt.

Die Bremswirkung wie folgt prüfen: Während ein Mann die Anlauräder von Hand in Drehung versetzt, muß ein zweiter Mann im Führerraum die Bremsen durch Treten der Fußhebelsteuerung bedienen. Die Bremsen müssen nun so eingestellt werden, daß bei kleinem Hub der Fußhebel die Räder im Moment zum Stehen kommen.

e. Öldruckanlage

Die Arbeitszylinder für Fahrwerk und Sporn, das Drosselventil (25 c) und der Drehsteuerschalter (25 a) sind nach Anlage 5 sowie Anleitung der Firma Elektron-Co. Cannstatt zu prüfen.

Sämtliche Geräte und Leitungen müssen auf ihre Befestigung und Dichtheit geprüft werden.

Das einwandfreie Arbeiten der eingebauten Geräte der Öldruckanlage muß mittels Außenbord-Handprüfgerät (vgl. E. Prüfanleitung, d. Fahrwerk und Radsporn) geprüft werden.

Nach Einbau der Fahrwerks-Einziehzylinder und Anschluß der Kolbenstangen an die Sperrklinken (19 c) muß bei eingerasteten Sperrklinken der Abstand zwischen Zylinder (21 a) und Kolbenstangenende (21 b) mindestens 11 mm betragen, da hierdurch geprüft wird, ob der Kolben nicht am Zylinderboden anschlägt und Klinke und Kolben gleichzeitig im Anschlag sind. Abhilfe durch Verstellen des Gabelkopfes (21 d).

Haltegabel (20 g) am Federbein muß so eingestellt sein, daß sie einerseits voll in die Einhängeklinke (20 b) greift, andererseits diese nicht aus der 0-Lage drückt, da dadurch der Notseilzug (20 f) zu kurz gespannt würde, so daß bei Betätigung des Zuges dieser nicht genug Weg hat, um das Federbein auszuhaken.

Ferner muß Haltegabel (20 g) so eingestellt sein, daß nicht sie bzw. die Einhängeklinke (20 b), sondern die Beinabdeckung, indem sie gegen die untere Flächenbeplankung anliegt, die Begrenzung des Einfahrvorganges ist. Die Beinabdeckung muß so angepaßt sein, daß zwischen Reifen und oberer Flächenbeplankung ein Zwischenraum von etwa 5 mm vorhanden ist. Die Haltegabel (20 g) muß dieser Stellung so angepaßt sein, daß ein Durchfallen des Federbeines beim automatischen Umschalten von höchstens 2 mm möglich ist.

f. Höhenatmungsanlage

Prüfe, ob die Höhenatmungsanlage mit 150 atü aufgefüllt ist.

Sämtliche Leitungsanschlüsse und Lötstellen mit Seifenwasser (kein Öl) auf Dichtheit prüfen.

Undichte Verschraubungen anziehen. Undichte Lötstellen erst dichten, nachdem Sauerstoff abgelassen.

g. Elektrische Anlage

Die gesamte elektrische Anlage ist an Hand der Leitungspläne (Anlage 8) zu prüfen. Jeder einzelne Stromkreis und jedes der an ihnen angeschlossenen Geräte wird besonders behandelt, indem auf gute Beschaffenheit und ordnungsmäßige Befestigung aller einzelnen Teile geachtet wird.

Die Isolationsprüfung der Leitungen wird mit einem Drehspul-Isolationsmeßgerät IKb/FL. 56701 von Hartmann u. Braun vorgenommen (vgl. die zum Meßgerät gehörende Anleitung).

Die Prüfung des eingebauten Stromsammlers erfolgt nach LDv. 277/2.

Der Stromerzeuger wird während des Warmlaufens des Motors durch Einschalten einiger Geräte auf Stromerzeugung geprüft.

Der Regler (7i) ist daraufhin zu untersuchen, ob er für den betr. Stromerzeuger vorgesehen ist, damit dieser bei entsprechender Drehzahl auch die vorgeschriebene Spannung aufweist.

Die Anlaß- und Zündanlage während des Warmlaufens des Motors prüfen.

h. Leitwerk

Schon vor dem Anbau der Leitwerksteile muß die Beplankung auf Risse, Beulen und sonstige Verformung geprüft werden.

Nach Anbau der Höhenflosse muß die Einstellung sowie die Trimmung der Flosse mittels Arbeitslehre (vgl. Anlage 12) geprüft werden.

Höhen- und Seitenflosse sind wie die Ruder auf einwandfreie Befestigung bzw. Lagerung zu prüfen. Das Gleiche gilt für die Landeklappen, Querruder und Vorflügel.

Die Einstellung der Vorflügel mittels Arbeitslehre (vgl. Anlage 12) prüfen.

i. Triebwerk

Prüfe die Motorträger, Abfangstreben und die Motorlagerung auf einwandfreie Beschaffenheit, Befestigung und Sicherung. Davon überzeugen, ob die Motorfangseile einwandfrei angebracht und befestigt sind.

Die Leitungen für Kraft- und Schmierstoff müssen überall frei gehen und an den Berührungsstellen mit anderen Bauteilen mit Perkalgewebe umwickelt sein.

Sämtliche Leitungen, auch die der Kühlanlage, sind auf Dichtheit und Halterung zu prüfen.

Die Prüfung des Motors erfolgt nach dem Motorhandbuch DB 601 und die der Verstell-Luftschraube nach den Vorschriften der Vereinigten-Deutschen-Metallwerke (VDM).

F. Anlagen

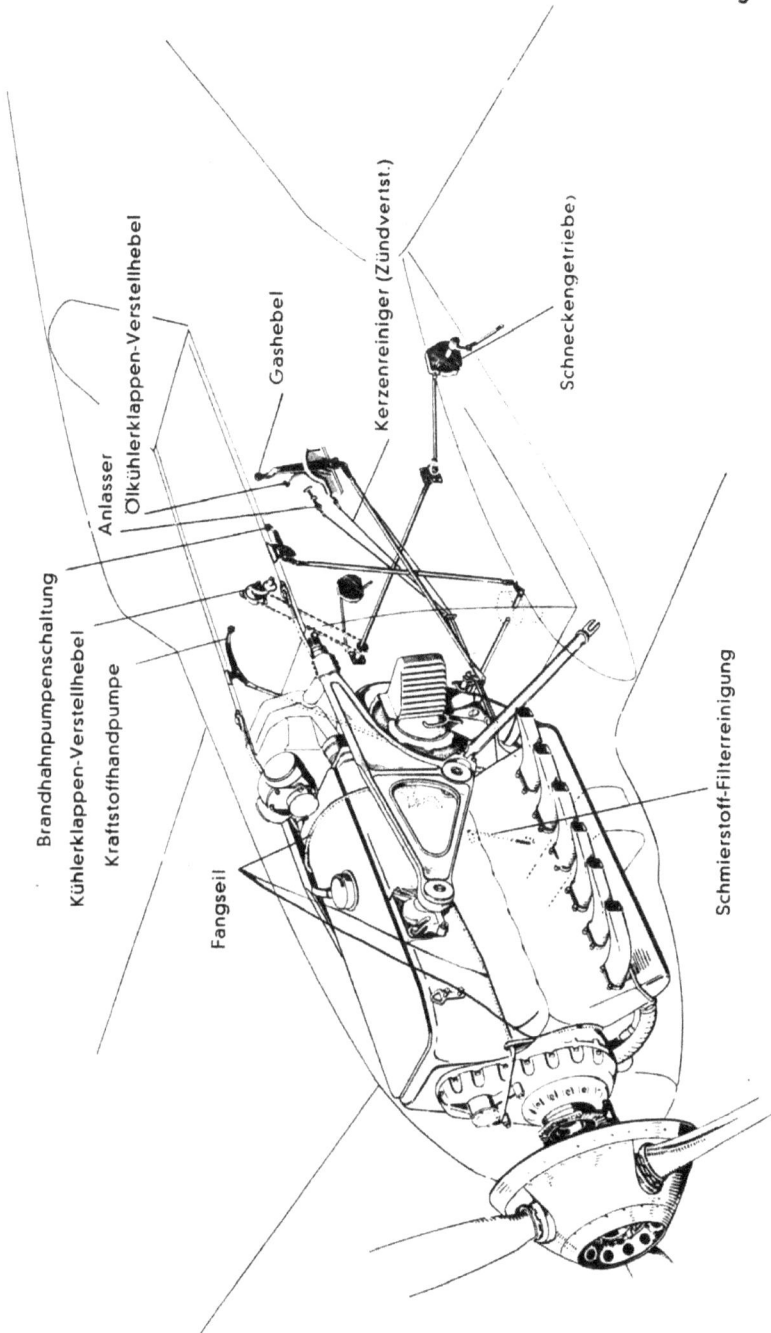

Triebwerksgestänge **BF 109 E**

Brandhahnpumpenschaltung

Kühlerklappen-Verstellhebel

Kraftstoffhandpumpe

Fangseil

Anlasser

Ölkühlerklappen-Verstellhebel

Gashebel

Kerzenreiniger (Zündverlst.)

Schneckengetriebe)

Schmierstoff-Filterreinigung

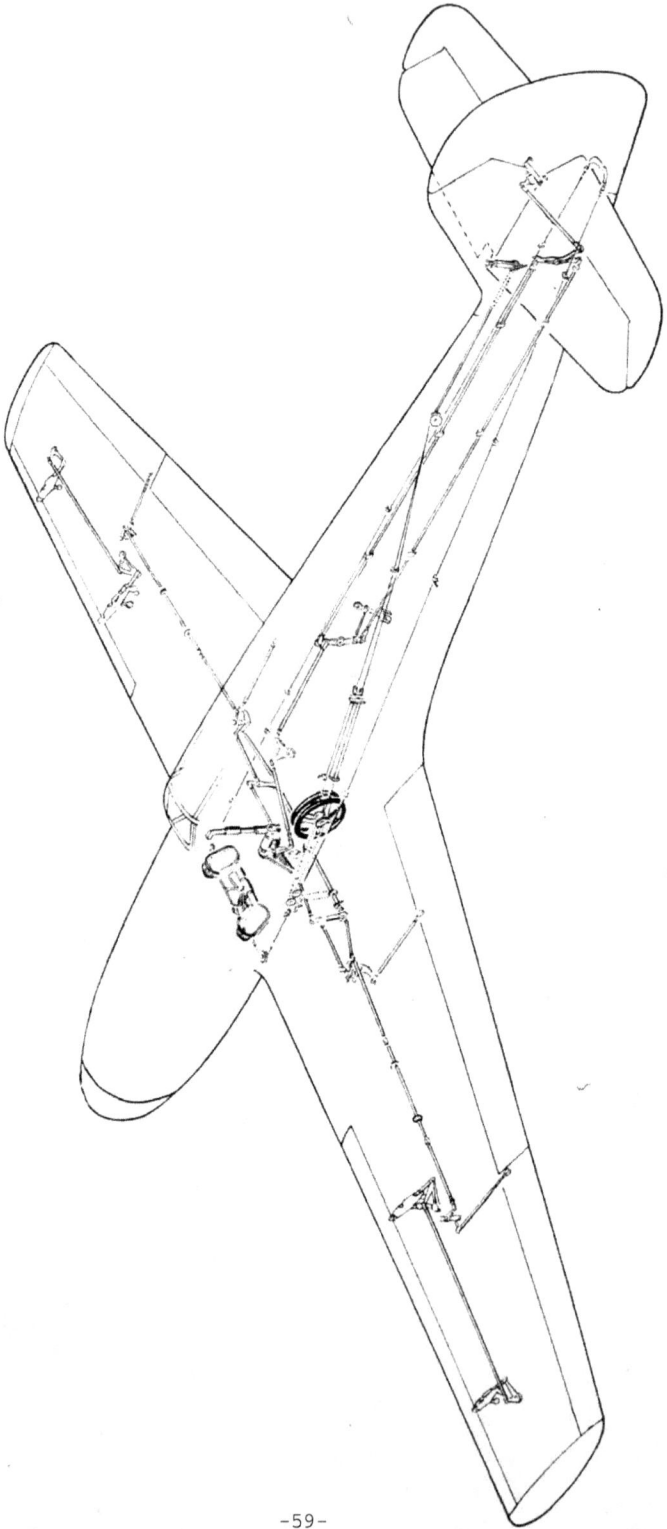

Steuerung

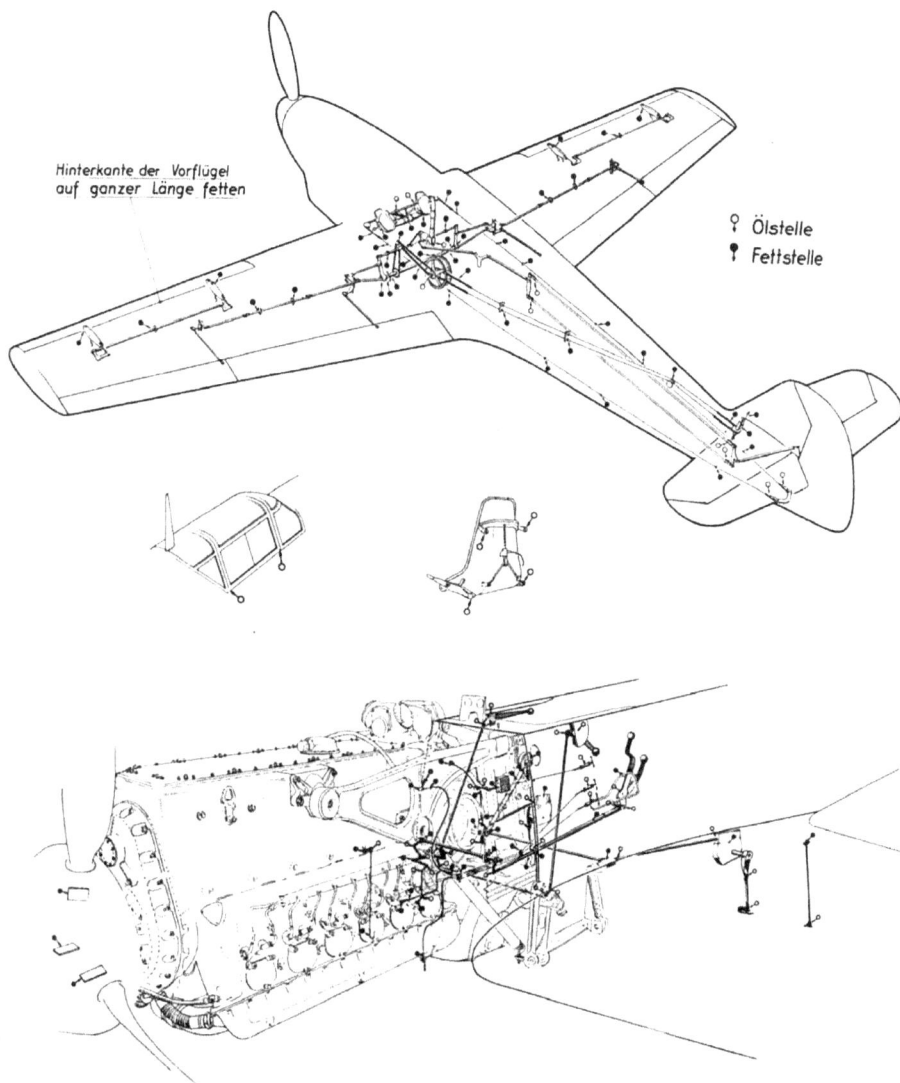

Hinterkante der Vorflügel
auf ganzer Länge fetten

♀ Ölstelle
♀ Fettstelle

Schmierplan für Steuerung und Triebwerk

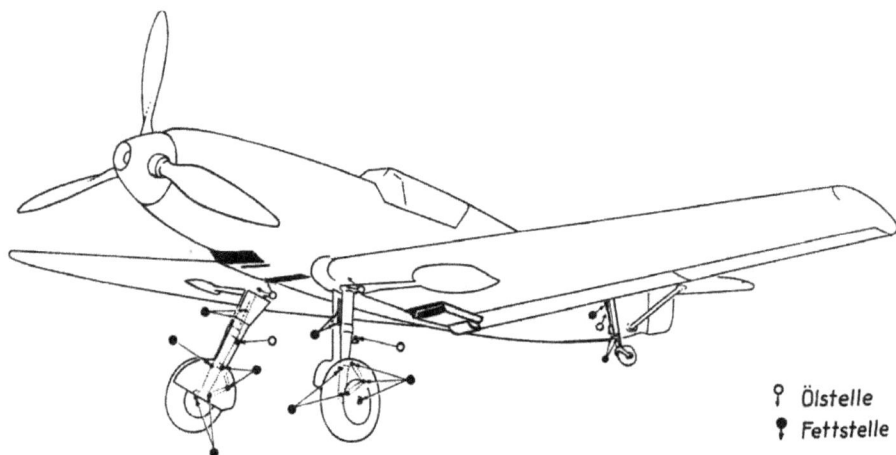

♀ Ölstelle
♥ Fettstelle

Schmierplan (Fahrwerk)

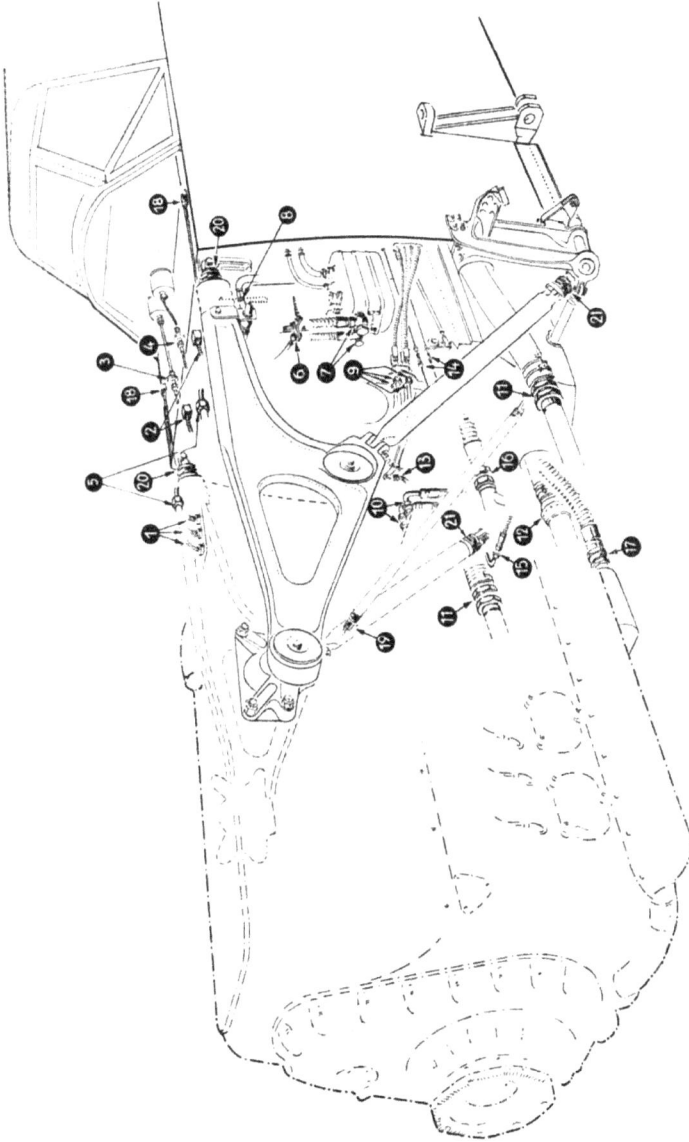

Trennstellen für Triebwerkswechsel

1. Brandschottdose A 17, B 6 und V 7 am rechten Motorträger
2. Trennstecker P 3 und P 5 für EKu 17
3. Biegsame Welle für Verstell-Luftschraube
4. Biegsame Welle für Drehzahlmesser
5. Stoßdrähte am Doppelgeber
6. Stoßstange für Schwungkraftanlasser
7. Saug- und Überdruckleitung der Öldruckanlage
8. Druckleitung der Öldruckanlage
9. Kraftstoff-, Schmierstoff- und Ladedruck- sowie Einspritzleitung
10. Saugleitungen der Kraftstoff-Förderpumpe

11. Kühlwasser-Rücklaufleitung
12. Kühlwasser-Vorlaufleitung
13. Stoßstange für Gasregulierung
14. Seilzüge für Ölkühlerklappe und Zündkerzenreiniger
15. Rücklaufleitung von Einspritzpumpe
16. Schmierstoff-Vorlaufleitung
17. Schmierstoff-Rücklaufleitung
18. Motorablangseile
19. Querverstrebung des rechten Motorträgers
20. Motorträger
21. Abfangstreben

-62-

Schräubenpumpe

Überdruckventil 55-60 atü

Leckölleitung

Saugleitung

Prüfanschluß
für Saugleitung

Ölbehälter
Ec-Stoßdämpferöl

Rücklaufleitung

Ausgleichsleitung

Druckleitung

Prüfanschluß
für Druckleitung

Drehsteuerschalter
mit autom. Abschaltung

Abschaltung bei 45-50 a

Leitungen zum Fahrwerk

Drosselventil

Einziehzylinder für
Fahrwerk

Drahtzug für Notauslösung

Einziehzylinder
für Sporn

Drehsteuerschalter

Fahrwerk „Ein"   „Ruhe"   Fahrwerk „Aus"

Drosselventil

Fahrwerk „Ein"   Notbetätigung   Fahrwerk „Aus"

45-50 atü

25-30 atü

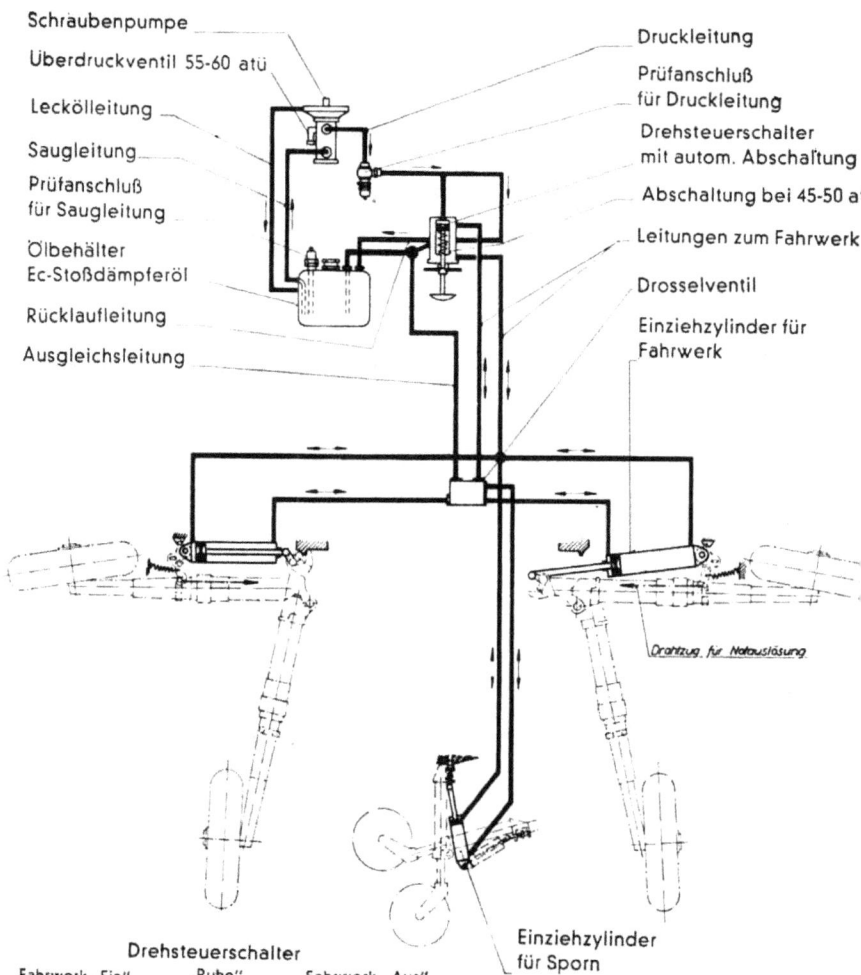

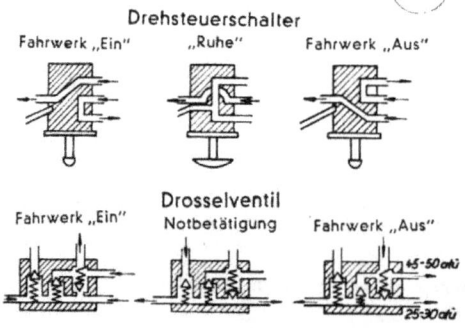

Öldruckanlage

-63-

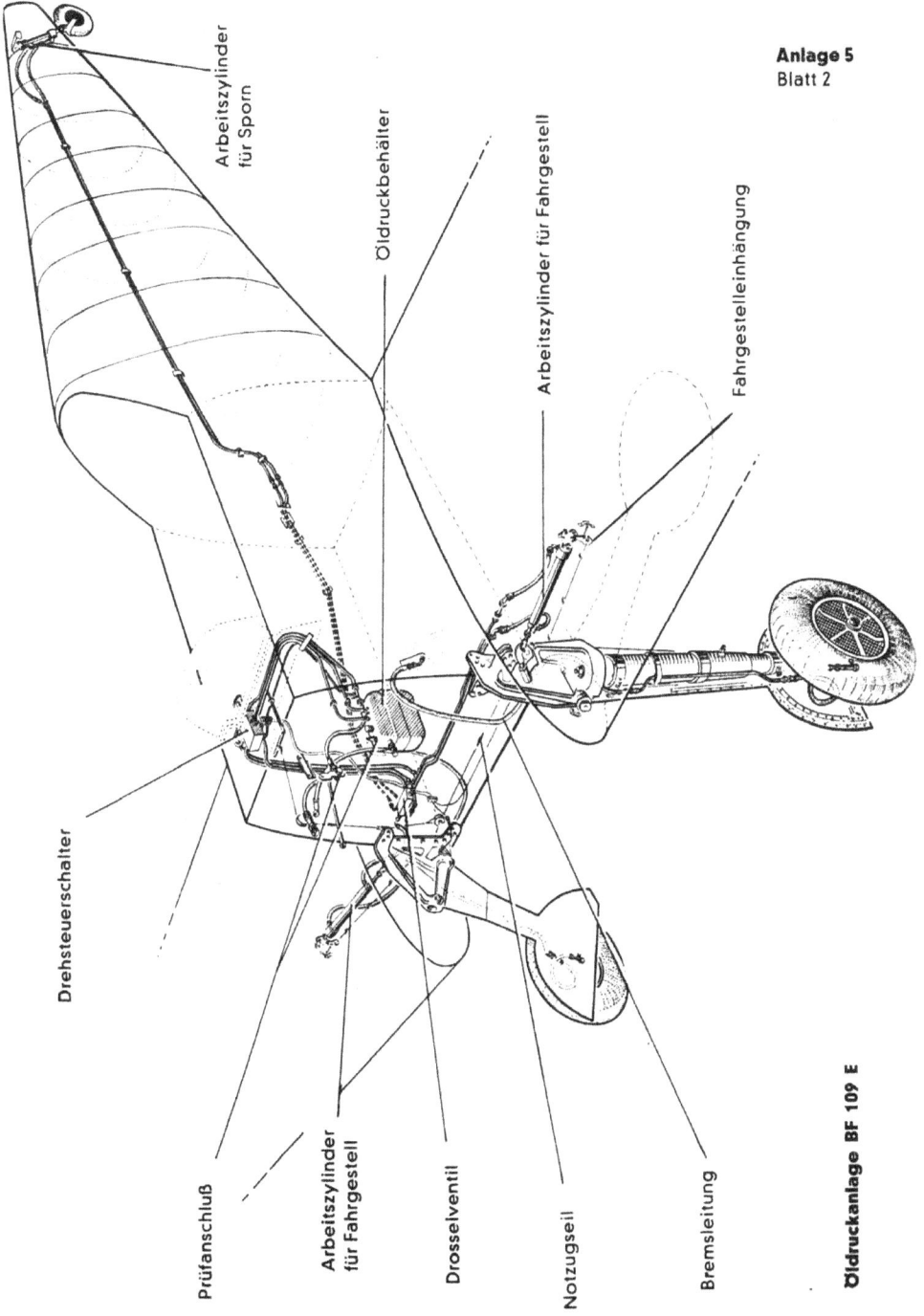

Arbeitszylinder
für Sporn

Öldruckbehälter

Arbeitszylinder für Fahrgestell

Fahrgestelleinhängung

Drehsteuerschalter

Prüfanschluß

Arbeitszylinder
für Fahrgestell

Drosselventil

Notzugseil

Bremsleitung

Öldruckanlage BF 109 E

Einziehstrebe für Fahrwerk
Z. Nr. 8-2790-A 1

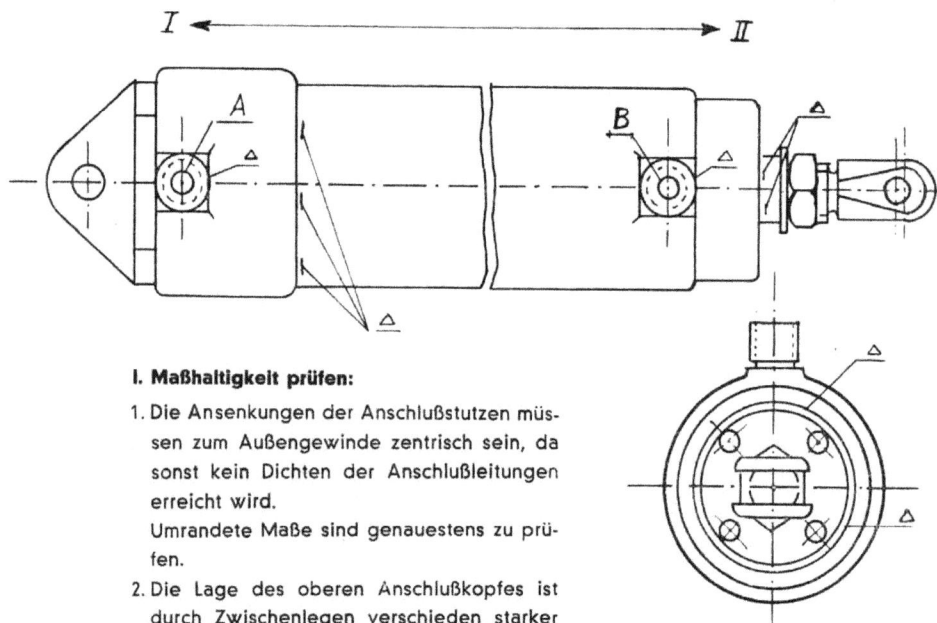

I. Maßhaltigkeit prüfen:

1. Die Ansenkungen der Anschlußstutzen müssen zum Außengewinde zentrisch sein, da sonst kein Dichten der Anschlußleitungen erreicht wird.
Umrandete Maße sind genauestens zu prüfen.

2. Die Lage des oberen Anschlußkopfes ist durch Zwischenlegen verschieden starker Kupferringe zeichnungsgemäß vorzunehmen, so daß die Anschlußstutzen in einer Ebene liegen.

II. Funktionsprüfung:

Einziehstrebe unter Belastung von 20 kg bzw. Öldruck ca. 10 x ein- und ausfahren.

III. Prüfung auf absolute Dichtigkeit nach außen:

Prüfdruck: 40 atü . Prüfdauer: mindestens 2 Min. lang konst. Druck.

1. An Stutzen A Ölabdrückpumpe anschließen. Der Stutzen B wird erst nach der Entlüftung blind verschlossen. Es darf unter Prüfdruck nirgends Öl austreten, wobei besonders auf die mit △ bezeichneten Stellen zu achten ist.

2. An Stutzen B Ölabdrückpumpe anschließen, Prüfung analog vornehmen.

IV. Prüfung auf innere Dichtigkeit:

Prüfdruck: 40 atü.

1. Ölabdrückpumpe bei A anschließen, Stutzen B offen lassen. Es darf unter Prüfdruck bei B höchstens 10 cm³/min. Stoßdämpferöl entweichen.

2. Ölabdrückpumpe bei B anschließen. Bei Anschluß A darf dann ebenfalls 10 cm³/min. Stoßdämpferöl entweichen.

3

Als Prüfflüssigkeit nur grünes EC-Stoßdämpferöl verwenden!

Drehsteuerschalter für Einziehstrebe
Z. Nr. 8-2768

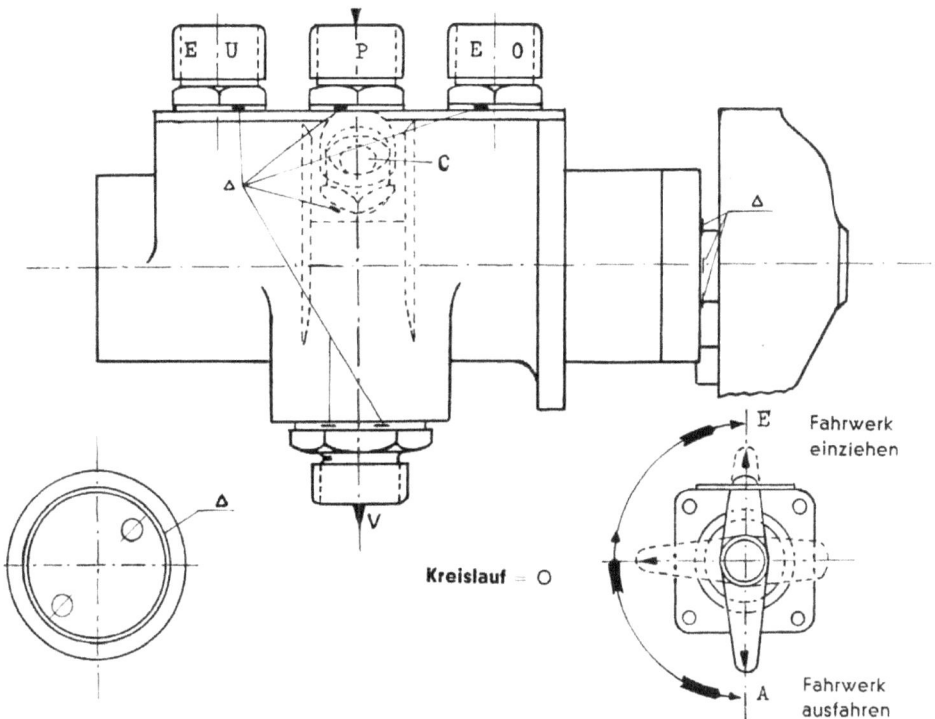

Fahrwerk
einziehen

Kreislauf = O

Fahrwerk
ausfahren

I. Maßhaltigkeit prüfen:

Die Ansenkungen der Anschlußstutzen müssen zum Außengewinde zentrisch
sein, da sonst kein Dichten der Anschlußleitungen erreicht wird.

II. Funktionsprüfung:

1. Fahrwerk einfahren: Zeigerstand in Richtung E. In dieser Stellung ist Durchgang von P nach EO und Rücklauf von EU nach V.

2. Fahrwerk ausfahren: Zeigerstand in Richtung A. In dieser Stellung ist Durchgang von P nach EU und Rücklauf von EO nach V.

3. Kreislauf: Zeigerstand in Richtung O. In dieser Stellung ist Durchgang von P nach V. Für Handpumpenbetätigung Rücklauf von EU und EO nach C.

Der Durchgang muß in jedem Falle mindestens 1 mm
betragen. (Bei jeder beliebigen Schaltstellung.)

Drehsteuerschalter für Einziehstrebe

III. Prüfung auf absolute Dichtigkeit nach außen:

Prüfdruck: 60 atü; Prüfdauer: mindestens 2 min. lang konst. Prüfdruck.
Ölabdrückpumpe an Nippel C anschließen, Nippel P, V, EU und EO blind verschließen. Dann darf unter Prüfdruck nirgends Öl austreten. Besonders ist auf die mit △ bezeichneten Stellen zu achten.

IV. Prüfung auf innere Dichtigkeit:

Prüfdruck: 60 atü.

1. Zeigerstand in Richtung E, Nippel EO, V und C blind verschließen. Bei P Ölabdrückpumpe anschließen. Dann darf unter Prüfdruck höchstens 10 cm³/min. Stoßdämpferöl bei EU austreten.

2. Zeigerstand in Richtung A. Nippel EU, V und C blind verschließen. Bei P Ölabdrückpumpe anschließen. Dann darf unter Prüfdruck höchstens 10 cm³/min. Stoßdämpferöl bei EO austreten.

Als Prüfflüssigkeit nur grünes EC-Stoßdämpferöl verwenden.

Im übrigen wird auf die EC-Montagevorschrift T 113 verwiesen.

Abnahmevorschrift für Schalteranlage 8-109.201-03

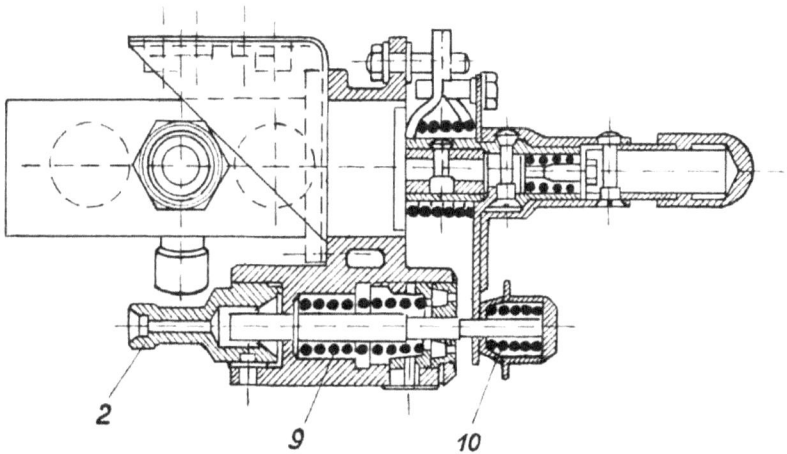

Nach dem Prüfen des Drehsteuerschalters entsprechend Abnahmevorschrift Blatt 4 und 5, wird die Schalteranlage nach Zeichnung 8-109.201-03 fertigmontiert. Die Prüfung der kompletten Schalteranlage wird dann wie folgt vorgenommen:

1. An Stutzen 2 wird die Ölpumpe angeschlossen und das Gehäuse auf 60 atü abgedrückt, wobei am Gewinde, sowie hinten an der Feder keinerlei Öl austreten darf.
2. Prüfe, ob der Arretierkegel 10 in beiden Endlagen von Hand ausgelöst werden kann. Die Schalteranlage muß ca. fünfmal von Hand betätigt werden, damit Öl an die Manschetten kommt.
3. Bei 45-50 atü muß die Feder 9 soweit einfedern, daß der Arretierkegel 10 sich aus dem Arretierblech auslöst. Diese Prüfung muß in den beiden Endstellungen vorgenommen werden.

Als Prüfflüssigkeit nur grünes EC-Stoßdämpferöl verwenden!

Einziehstrebe für Sporn
Z. Nr. 8-2784 A-1

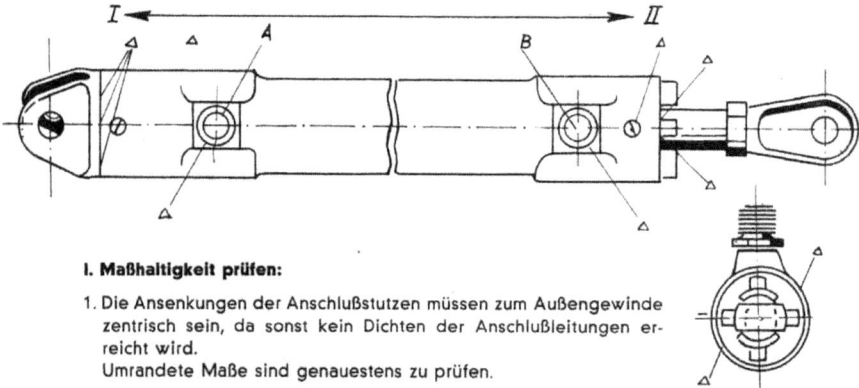

I. Maßhaltigkeit prüfen:

1. Die Ansenkungen der Anschlußstutzen müssen zum Außengewinde zentrisch sein, da sonst kein Dichten der Anschlußleitungen erreicht wird.
Umrandete Maße sind genauestens zu prüfen.

2. Bei Montage ist die Kugelrille im Zylinder genau zu messen. Beim Einbau der Seegerringe ist darauf zu achten, daß sich der Seegerring in dem dazugehörigen Einschnitt leicht drehen läßt.

3. Nach dem Zusammenbau der Einziehstrebe genau prüfen, ob der Verriegelungskolben den vorgeschriebenen Hub ausführt und die Kugeln zur Entriegelung freigibt.

II. Funktionsprüfung:

Einziehstrebe unter Belastung von ∿ 20 kg bzw. Öldruck ca. 10 x ein- und ausfahren.

III. Prüfung auf absolute Dichtigkeit nach außen:

Prüfdruck: 40 atü. Prüfdauer: mindestens 2 Min. lang konst. Druck.

1. An Stutzen A Ölabdrückpumpe anschließen. Der Stutzen B wird erst nach der Entlüftung blind verschlossen. Es darf unter Prüfdruck nirgends Öl austreten, wobei besonders auf die mit △ bezeichneten Stellen zu achten ist.

2. An Stutzen B Ölabdrückpumpe anschließen. Prüfung analog vornehmen.

IV. Prüfung auf innere Dichtigkeit:

Prüfdruck: 40 atü.

1. Ölabdrückpumpe bei B anschließen und feststellen, ob die Kugelverriegelung einwandfrei verriegelt. Es darf dann unter Prüfdruck bei A höchstens 30 cm³/min. Stoßdämpferöl entweichen.
Die Kolbenringe im Kolben brauchen also nicht absolut dicht zu sein.

2. Ölabdrückpumpe bei A anschließen und feststellen, ob die Kolbenstange einwandfrei entriegelt. Bei Anschluß B darf dann ebenfalls 30 cm³/min. Stoßdämpferöl entweichen.

Als Prüfflüssigkeit nur grünes EC-Stoßdämpferöl verwenden!

Abnahmevorschrift für Drosselventil 8-109.201-05

1. Maßhaltigkeit prüfen

Die Ansenkungen der Anschlußstutzen müssen zum Außengewinde zentrisch sein, da sonst kein Dichten der Anschlußleitungen erreicht wird.

2. Funktionsprüfung

a) Der Stutzen C wird dicht geschlossen. An dem Stutzen D wird eine Öl-pumpe angeschlossen und geprüft, ob die eingestellte Ventilfeder a das mittlere Ventil bis 20 atü dicht hält. Wenn dies nicht der Fall ist, muß die Scheibe b gegen eine stärkere bzw. schwächere ausgewechselt werden. Die Toleranz des Einstelldruckes beträgt + 2 atü. Tritt bei dieser Prüfung bei Drücken bis zu 10 atü bereits Öl an dem Stutzen E oder dem gegenüber-liegenden Stutzen aus, so ist die Dichtung des Ventilkegels bei Stutzen C undicht und ist auszuwechseln.

b) An dem Füllstutzen B wird die Ölpumpe angeschlossen und geprüft, ob das Ventil bis 0,08 atü dicht hält. Eine absolute Dichtheit ist nicht erforder-lich und kann auch nicht erreicht werden. Der Einstelldruck darf zwischen 0,08 und 0,15 atü schwanken. Wenn die eingebaute Feder für diesen Druck-bereich nicht ausreicht, muß dieselbe gegen eine andere ausgewechselt werden (Scheiben werden also hier nicht beigelegt). Die max. Ölmenge, die bei 0,05 atü entweichen darf, beträgt 25 cm³/min.

c) Die Ölpumpe wird an dem Stutzen D angeschlossen. Der gegenüber-liegende Stutzen wird dicht geschlossen und dabei das dritte Ventil eben-falls wieder auf 0,08 bis 0,15 atü eingestellt. Auch hier muß, wenn die Feder nicht ausreicht, dieselbe ausgewechselt werden. Absolute Dichtheit des Ventiles ist nicht notwendig.

d) Pumpe bleibt angeschlossen wie bei c. Stutzen C und D werden dicht ver-schlossen. Es ist bei niederen und hohen Drücken bis 50 atü zu prüfen, ob Öl am Stutzen B austritt. Ist dies der Fall, so ist die Dichtung des Ventil-kegels bei Stutzen B undicht und ist auszuwechseln.

Als Prüfflüssigkeit nur grünes EC-Stoßdämpferöl verwenden!

Auf 15 atü ± 10% eingestellt
und geprüft

Auf 0,1 atü eingestellt
und geprüft

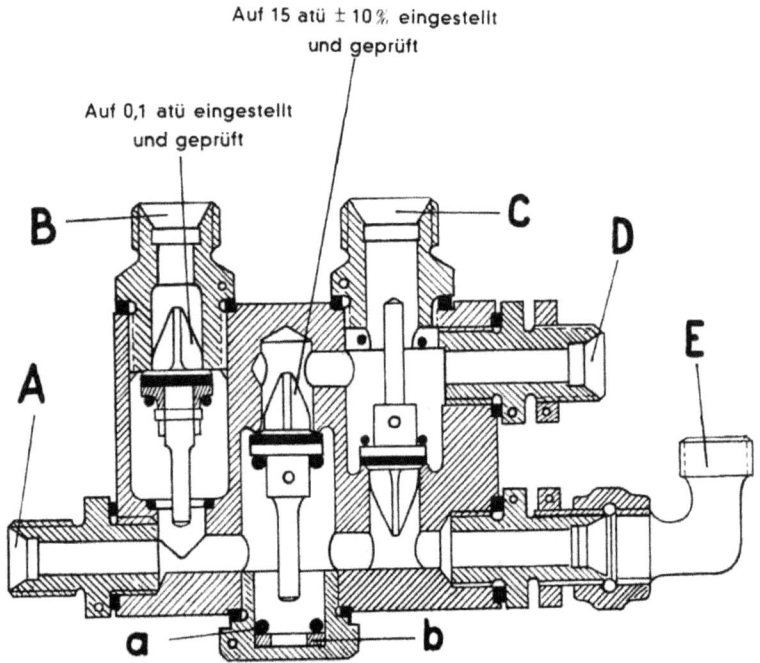

B

C

D

E

A

a

b

Abnahmevorschrift für Fahrwerk BF 109 E

Die Abnahmekontrolle der Federbeine hat wie folgt zu erfolgen:

1. Bei der Montage des Druckzylinders 8-2787.03-U 01 muß kontrolliert werden, daß der Dämpferkolben 8-2787.03-02 nach dem Einpressen in den Zylinder und nach dem Aufreiben der oberen Kegelstiftbohrung nochmals herausgezogen wird und sämtliche Späne im Druckzylinder sowie im Dämpferkolben sorgfältig entfernt werden. **Etwa noch im Flugzeugbein befindliche Späne können zu schwersten Betriebsstörungen führen!**

2. In den Zylinder Kolbenstange und Manschette einbauen. Sämtliche Einzelteile (bis auf die Manschetten) sauber in Benzin auswaschen (s. Einbau- und Betriebsvorschriften).

3. Durch das Füllventil wird Stoßdämpferöl unter einem Druck von 250 atü eingepreßt und dabei festgestellt, ob die Zylinder festigkeitsmäßig den Anforderungen genügen (Verformungen, Rißbildung, Porositäten im Material usw.). Gleichzeitig wird geprüft, ob die Manschetten absolut dicht sind. Beim Abdrücken muß das Federbein in teilweise eingefedertem Zustand in eine Vorrichtung eingespannt werden, um die praktischen Betriebsverhältnisse genau nachzuahmen.

4. Durch Öffnen der Prüfschraube Öl ablassen. Hierzu muß durch das Füllventil ein Luftdruck von ca. 2-5 atü eingepreßt werden. Die Ölablaßschraube ca. dreimal öffnen und schließen, damit sich zwischendurch der Ölspiegel zwischen Zylinder und Dämpferkolben beruhigen und ausgleichen kann. Nach dem Einstellen des Ölspiegels wird das Federbein mittels Füll- und Prüfstutzen auf den vorgeschriebenen Luftdruck gefüllt.

5. Federbein im Benzinbad auf Luftdichtigkeit prüfen. Achte besonders auf Füllventil und Prüfschraube, sowie auf den Materialkern im oberen Zylinderboden und im Kolbenstangenboden!

6. Von dem fertigen Federbein wird unter der Federbein-Prüfmaschine ein Arbeitsdiagramm bis zur L a s t von 4700 + 400 kg und bis zum F e d e r w e g von 224 + 2 mm aufgenommen. Das Arbeitsdiagramm ist auf völlig kontinuierlichen Verlauf der Luftkurven zu prüfen. Die maximale Reibung soll + 10% der theoretischen Luftkurve nicht überschreiten, d. h. es muß sein:

$$\frac{P_2 - P_1}{P_2 + P_1} = 10\%$$

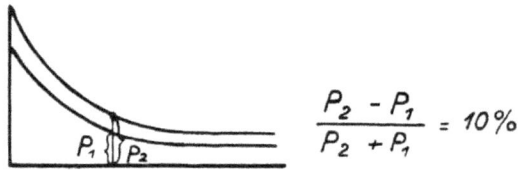

7. Fahrwerkshälfte entsprechend Zeichnung 8-2787.03 bzw. 8-2787.04 mit den einzelnen Untergruppen komplett montieren.

8. Genaue Kontrolle der umrandeten Abnahmemaße vornehmen.

9. Sämtliche Flugzeugbeine müssen nach dem Einbau der Manschetten 8 Tage unter 40 atü Druck lagern. Nach diesem Zeitintervall ist der Druck abzulassen, die Stopfbuchsmutter etwas nachzuziehen, die Kolbenstange mehrmals von Hand hin- und herzubewegen, der vorgeschriebene Luftdruck einzufüllen und ein Arbeitsdiagramm aufzunehmen. Wenn sich keine Undichtheiten zeigen, gilt das Federbein als dicht.

Zur Prüfung und Füllung nur **„grünes Original-EC-Stoßdämpferöl"** verwenden.

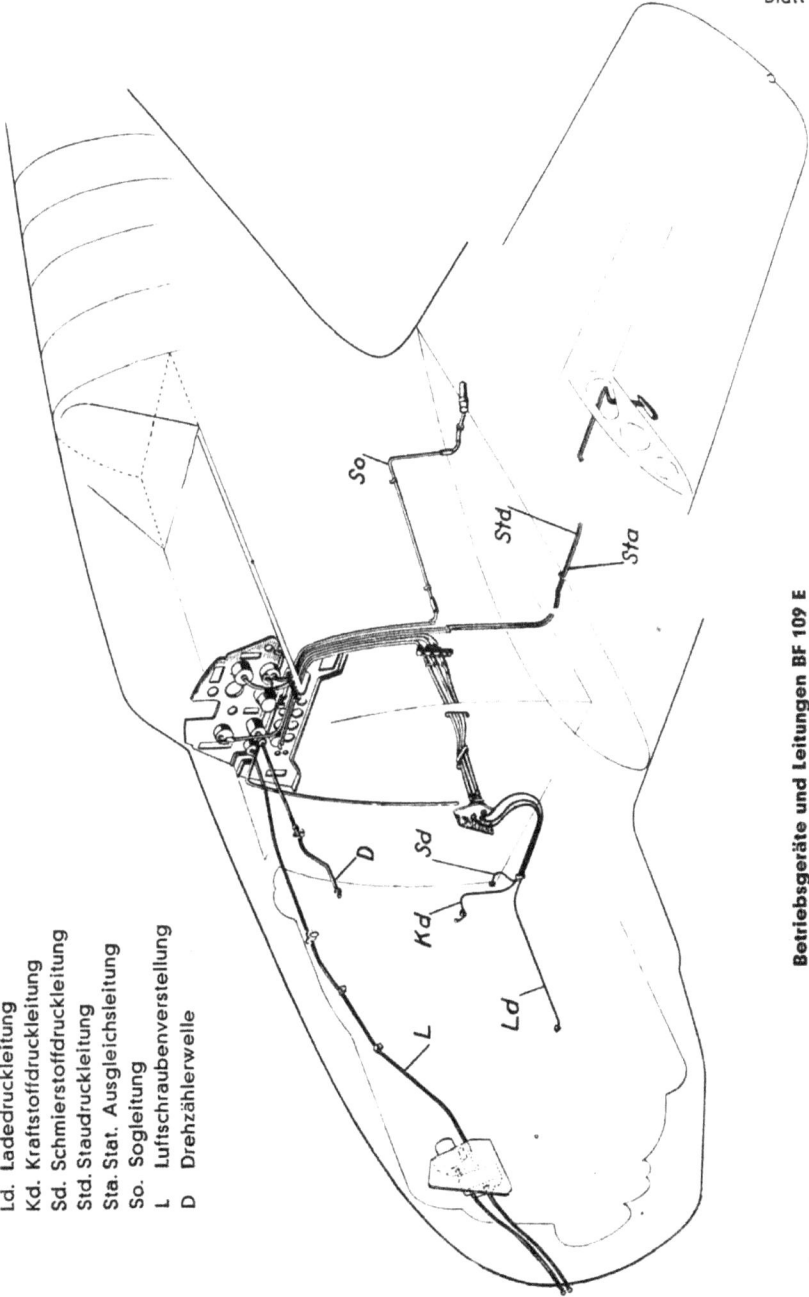

Ld. Ladedruckleitung
Kd. Kraftstoffdruckleitung
Sd. Schmierstoffdruckleitung
Std. Staudruckleitung
Sta. Stat. Ausgleichsleitung
So. Sogleitung
L   Luftschraubenverstellung
D   Drehzählerwelle

Betriebsgeräte und Leitungen BF 109 E

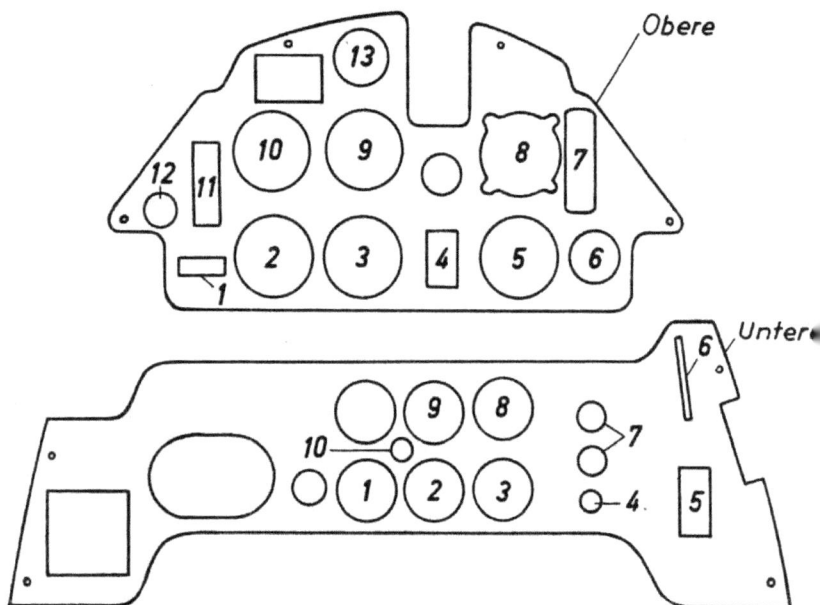

Obere

Unter

Gerätetafel BF 109 E

Obere Gerätetafel

1 Schauzeichen f. Düsenheizung
2 Fahrtmesser
3 Wendezeiger
4 Schalter f. Verstellschr.
5 Drehzahlmesser
6 Steigungsanzeiger f. Verstellschr.
7 Deviationstabelle
8 Ladedruck
9 Kompaß
10 Höhenmesser
11 Zündschalter
12 Netzausschalter
13 Borduhr

Untere Gerätetafel

1 Elt. Vorratsmesser f. Kraftstoff
2 Elt. Anzeigegerät f. Schmier-
 stofftemp.
3 Elt. Anzeigegerät f. Kühlstofftemp.
4 Fahrwerknotzug
5 Mech. Fahrwerksanzeiger
6 Handpumpe
7 Fahrwerksbetätigung
8 Elt. Anzeigegerät f. Fahrwerk
9 Schmier- u. Kraftstoffdruck
10 Reststandswarnlampe

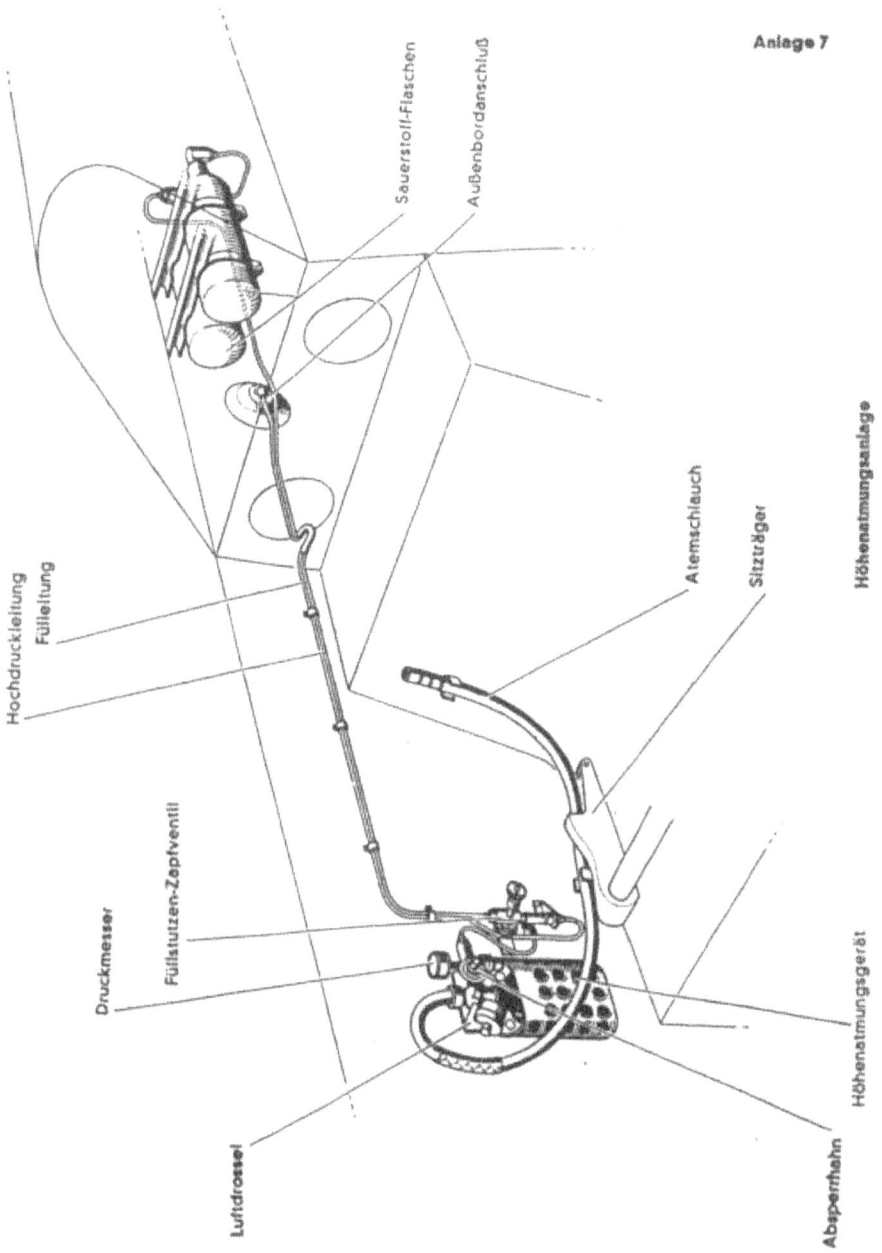

Sauerstoff-Flaschen

Außenbordanschluß

Hochdruckleitung

Fülleitung

Atemschlauch

Sitzträger

Höhenatmungsanlage

Druckmesser

Füllstutzen-Zapfventil

Höhenatmungsgerät

Luftdrossel

Absperrhahn

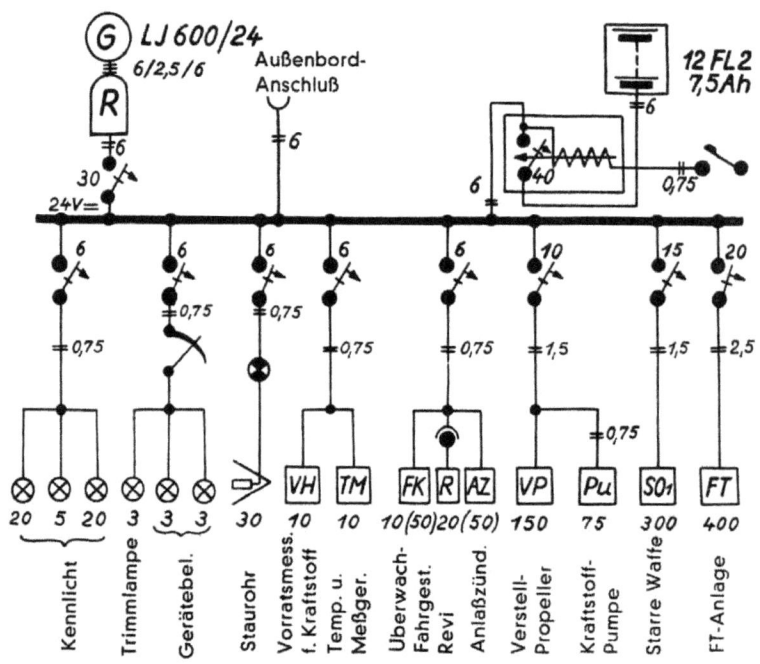

Schaltplan BF 109 E

6

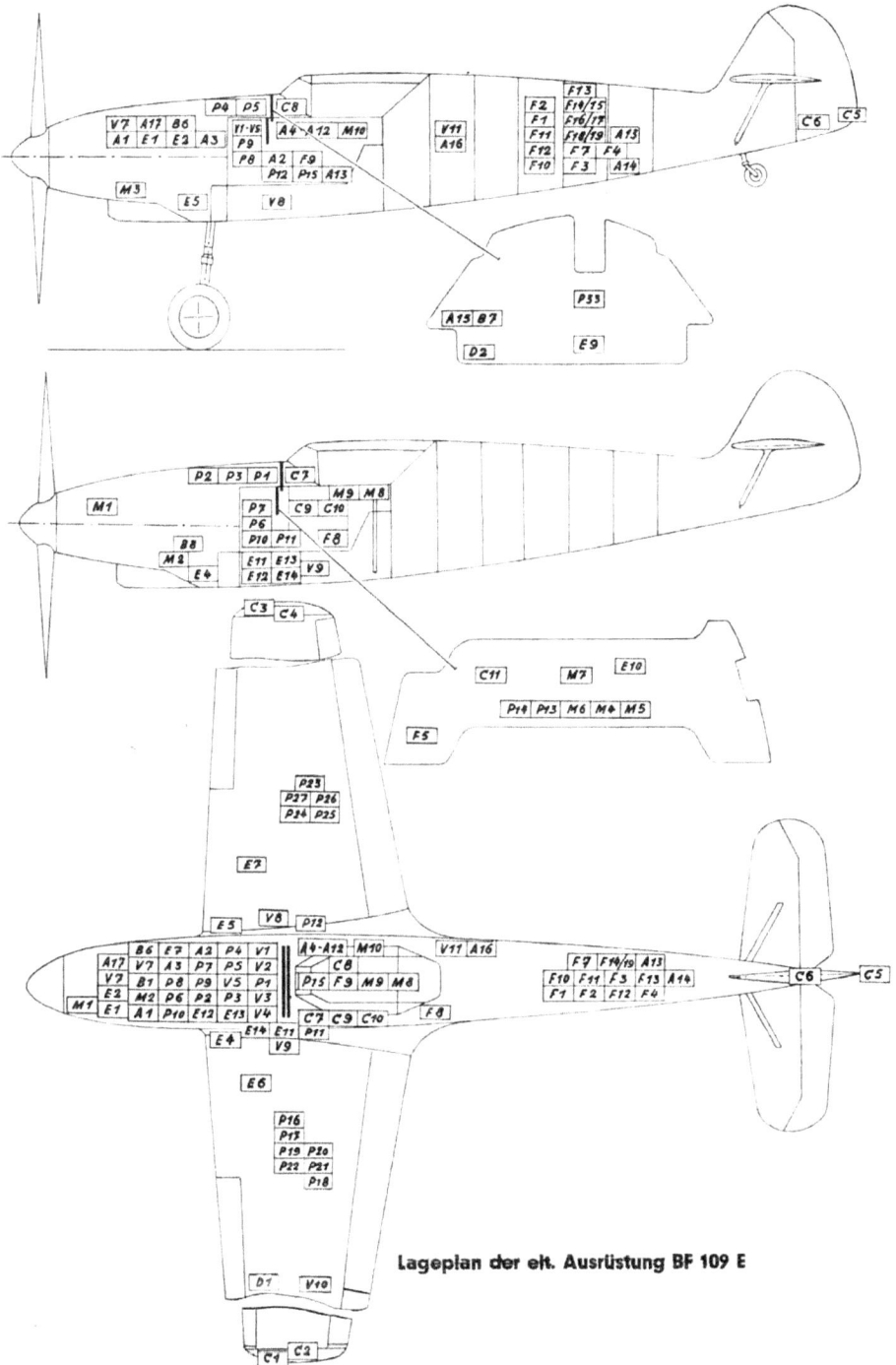

Lageplan der el. Ausrüstung BF 109 E

Elt. Ausrüstung BF 109 E

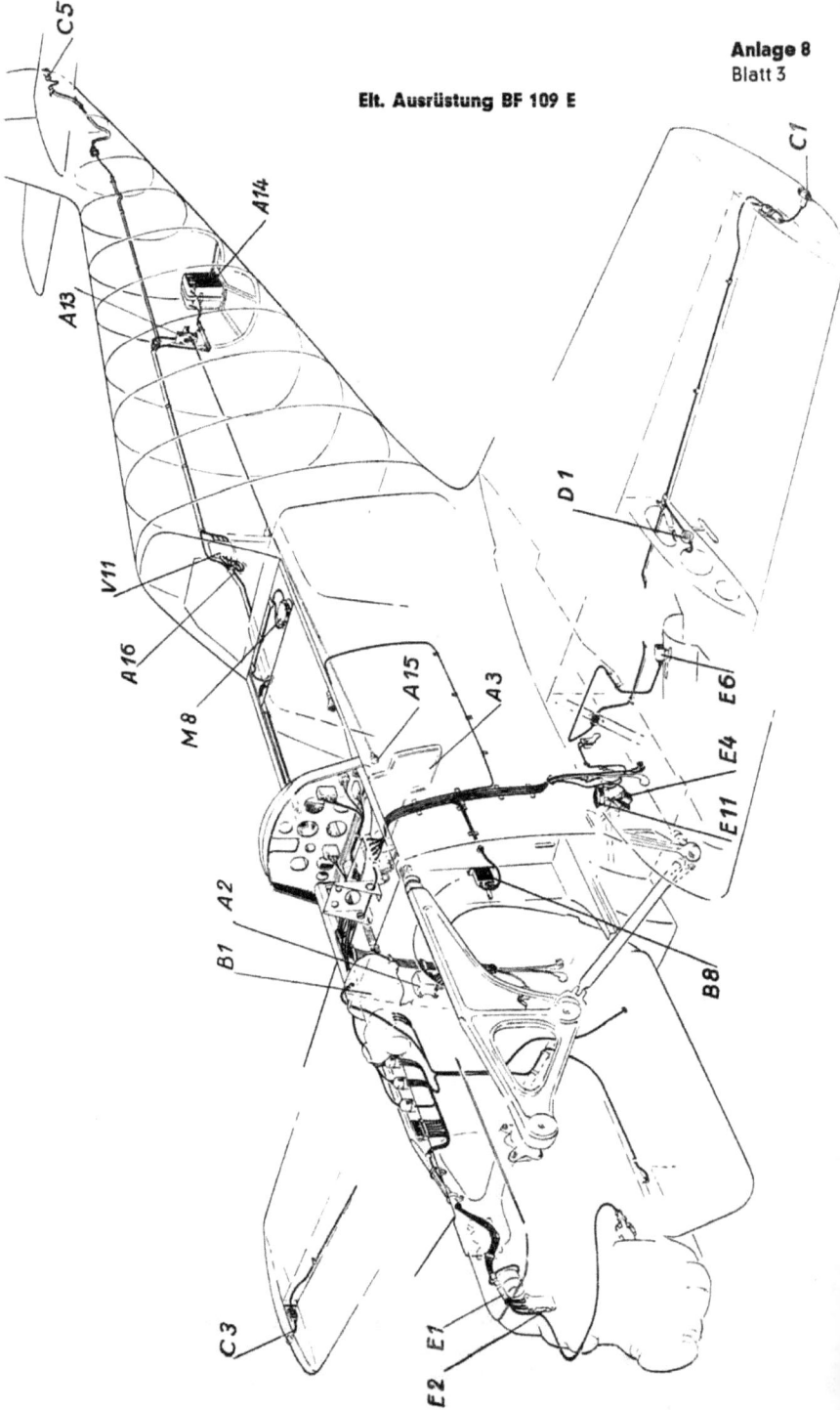

C5

A14

A13

C1

A3

V11

A16

M8

A15

D1

E6

E4

E11

B1 A2

B8

C3

E2 E1

Geräte-Aufstellung der Elt. Ausrüstung

Bez.	Gerät	Einbauort
	A-Anlage	
A 1	Generator	Flugmotor
A 2	Regler	Seitenwand rechts
A 3	Verteiler	Motorbock
A 4	Selbstschalter	Hauptschalttafel
A 5	Selbstschalter	Hauptschalttafel
A 6	Selbstschalter	Hauptschalttafel
A 7	Selbstschalter	Hauptschalttafel
A 8	Selbstschalter	Hauptschalttafel
A 9	Selbstschalter	Hauptschalttafel
A 10	Selbstschalter	Hauptschalttafel
A 11	Selbstschalter	Hauptschalttafel
A 12	Selbstschalter	Hauptschalttafel
A 13	Fernselbstschalter	Rumpfende
A 14	Sammler	Rumpfende
A 15	Netzausschalter	Obere Gerätetafel
A 16	Außenbordsteckdose	Seitenwand rechts
A 17	Brandschottdose	Motorbock rechts
	B-Anlage	
B 1	Zwillingsmagnetzünder	Flugmotor
B 6	Brandschottdose	Motorbock rechts
B 7	Zündschalter	Obere Gerätetafel
B 8	Anlaßschalter	Rumpfstirnwand links
	C-Anlage	
C 1	Kennlicht	Randkappe links
C 2	Trennstelle	Randkappe links
C 3	Kennlicht	Randkappe rechts
C 4	Trennstecker	Randkappe rechts
C 5	Hecklicht	Seitenruder
C 6	Trennstecker	Rumpfende
C 7	Gerätebeleuchtung	Seitenwand links
C 8	Gerätebeleuchtung	Seitenwand rechts
C 9	Verteiler	Seitenwand links
C 10	Trimmlampe	Seitenwand links
C 11	Verdunkler	Untere Gerätetafel

Bez.	Gerät	Einbauort

D-Anlage

Bez.	Gerät	Einbauort
D 1	Heizdüse	Flügel links
D 2	Schauzeichen	Obere Gerätetafel

E-Anlage

Bez.	Gerät	Einbauort
E 1	Verstellmotor	Motorbock rechts
E 2	Endbegrenzungsschalter	Motorbock rechts
E 4	Hupen- und Anzeigeschalter	Fahrwerk links
E 5	Hupen- und Anzeigeschalter	Fahrwerk rechts
E 6	Warnschalter	Flügel links
E 7	Warnschalter	Flügel rechts
E 9	Verstellschalter	Obere Gerätetafel
E 10	Fahrwerksanzeigegerät	Obere Gerätetafel
E 11	Boschhorn	Seitenwand links
E 12	Abzweigdose	Seitenwand links
E 13	Gestängeschalter	Seitenwand links
E 14	Gestängeschalter	Seitenwand links

M-Anlage

Bez.	Gerät	Einbauort
M 1	Fernthermometer „Kühlstoff"	Flugmotor
M 2	Fernthermometer Öl „ein"	Flugmotor
M 3	Ferthermometer Öl „aus"	Flugmotor
M 4	Öl-Temp.-Anzeigegerät	Untere Gerätetafel
M 5	Kühlstoff-Temp.-Anzeigegerät	Untere Gerätetafel
M 6	Kraftstoff-Vorratsmeßgerät	Untere Gerätetafel
M 7	Reststandsanzeigelampe	Untere Gerätetafel
M 8	Vorratsmesser-Geber	Tankkopf
M 9	Motor für Kraftstoffpumpe	Tankkopf
M 10	Schalter für Kraftstoffpumpe	Seitenwand rechts

V-Anlage

Bez.	Gerät	Einbauort
V 1	Verteiler	Rumpfdecke
V 2	Verteiler	Rumpfdecke
V 3	Verteiler	Rumpfdecke
V 4	Verteiler	Rumpfdecke
V 5	Verteiler	Rumpfdecke
V 7	Brandschottdose	Motorbock rechts
V 8	Aufbausteckdose	Flügelrippe rechts

7

Bez.	Gerät	Einbauort
V 9	Aufbausteckdose	Flügelrippe links
V 10	Verteiler	Flügel links
V 11	Verteiler	Seitenwand rechts

F-Anlage		
F 1	Sender	Rumpfende unten
F 2	Empfänger	Rumpfende oben
F 3	Verteilerkasten	Rumpfende
F 4	Umformer	Rumpfende
F 5	Schaltkasten	Untere Gerätetafel
F 7	Schwingungsanzeiger	Rumpfende
F 8	Anschlußdose	Kabine Rückseite links
F 9	Boschtaste	Knüppel
F 10	Vorschaltwiderstand	Rumpfende
F 11	Leitungskupplung	Rumpfende
F 12	Leitungskupplung	Rumpfende
F 13	Antennendurchführung	Rumpfende
F 14	Leitungskupplungshälfte	Rumpfende
F 15	Leitungskupplungshälfte	Rumpfende
F 16	Leitungskupplungshälfte	Rumpfende
F 17	Leitungskupplungshälfte	Rumpfende
F 18	Leitungskupplungshälfte	Rumpfende
F 19	Leitungskupplungshälfte	Rumpfende

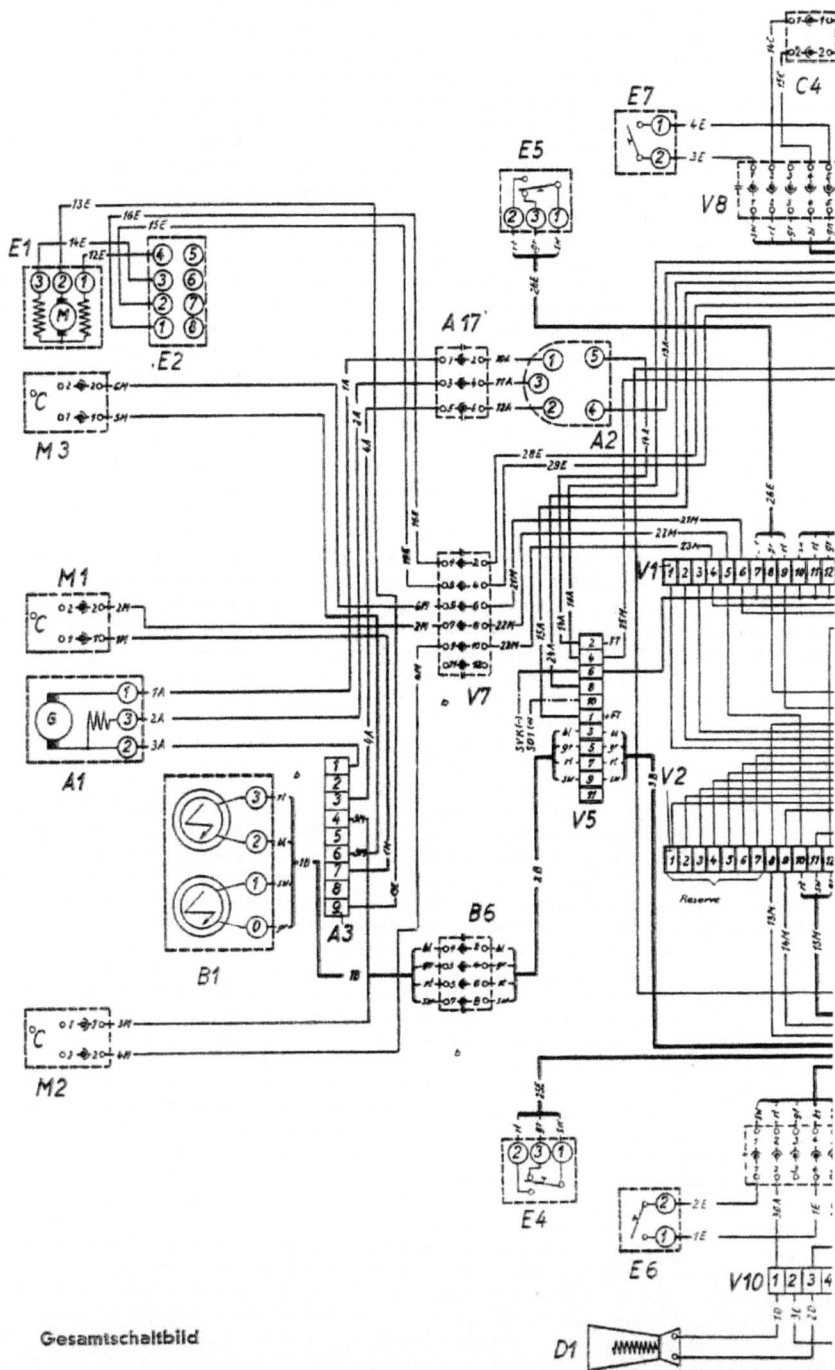

Gesamtschaltbild

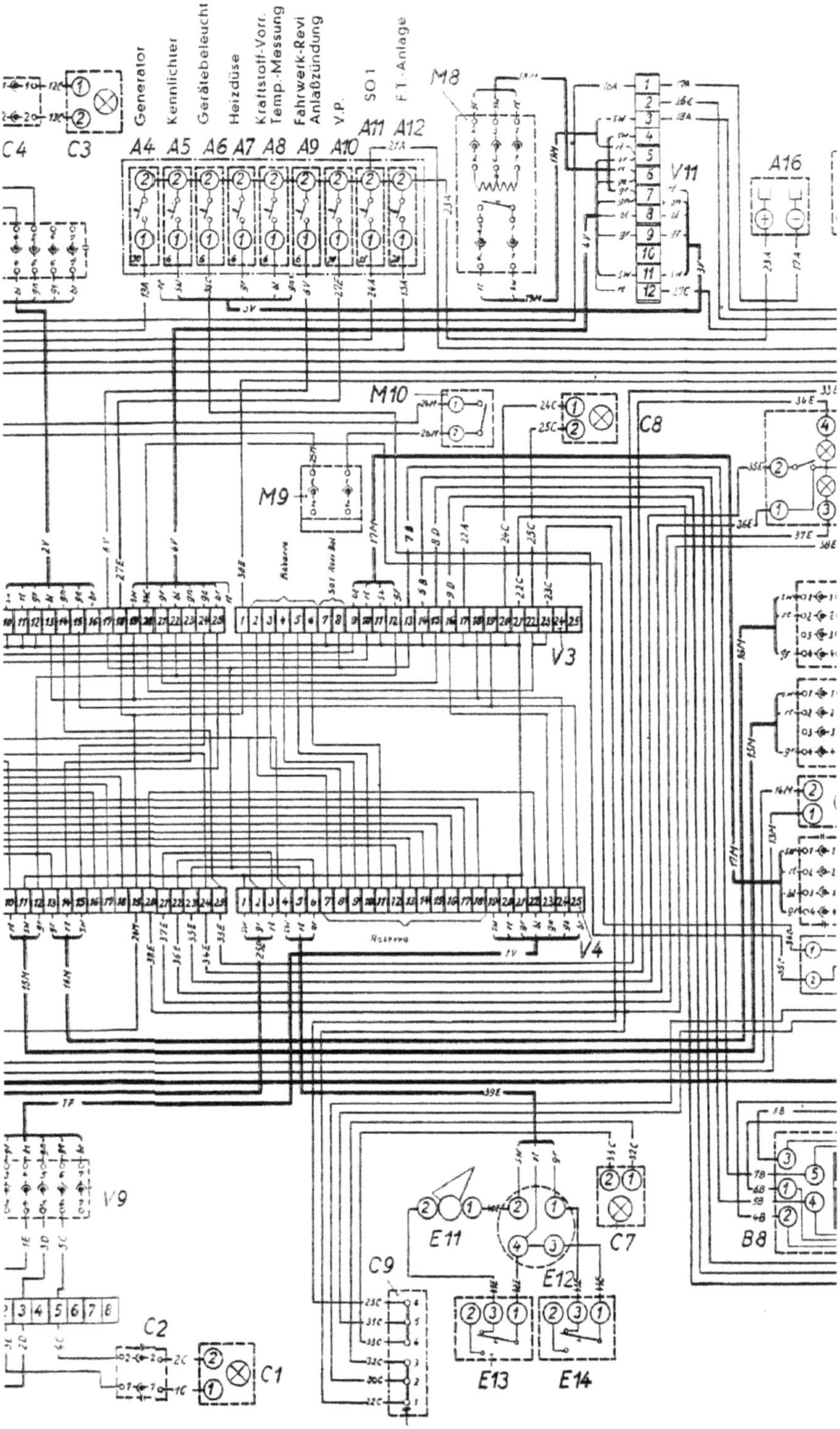

Generator
Kennlichter
Gerätebeleucht
Heizdüse
Kraftstoff-Vorr.
Temp.-Messung
Fahrwerk-Revi
Anlaßzündung
V.P.
SO 1
FT-Anlage
C4
C3
A4
A5
A6
A7
A8
A9
A10
A11
A12
M8
V11
A16
M10
M9
C8
V3
V4
V9
E11
E12
C7
C9
B8
C2
C1
E13
E14

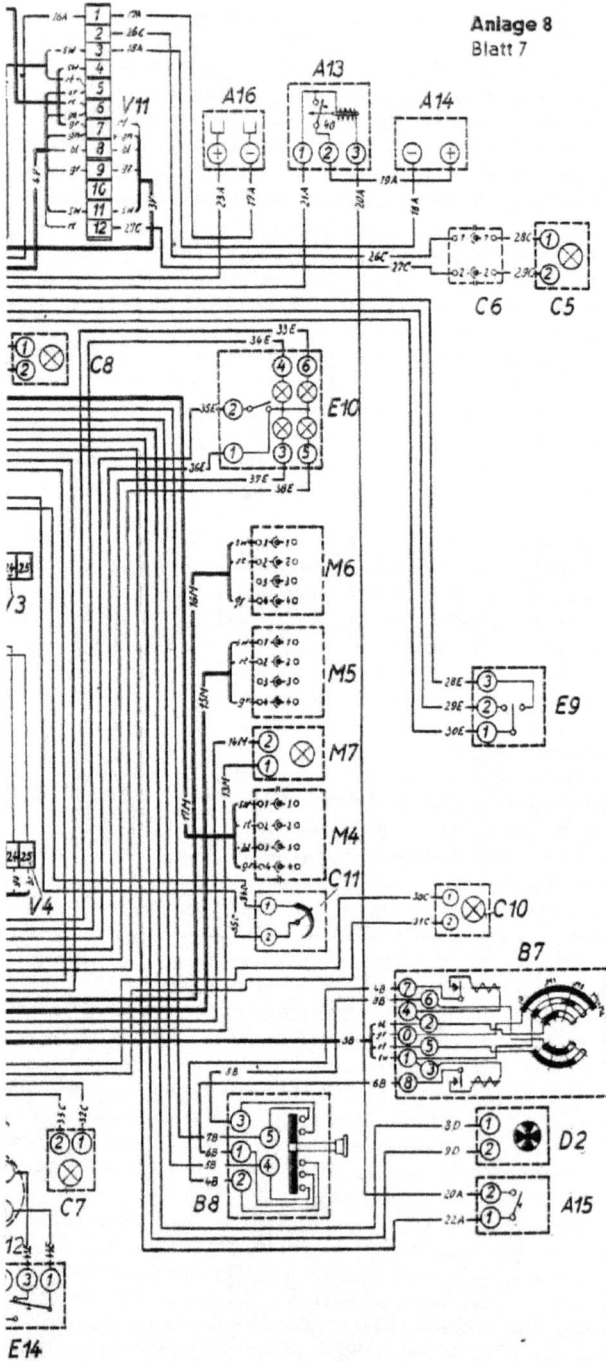

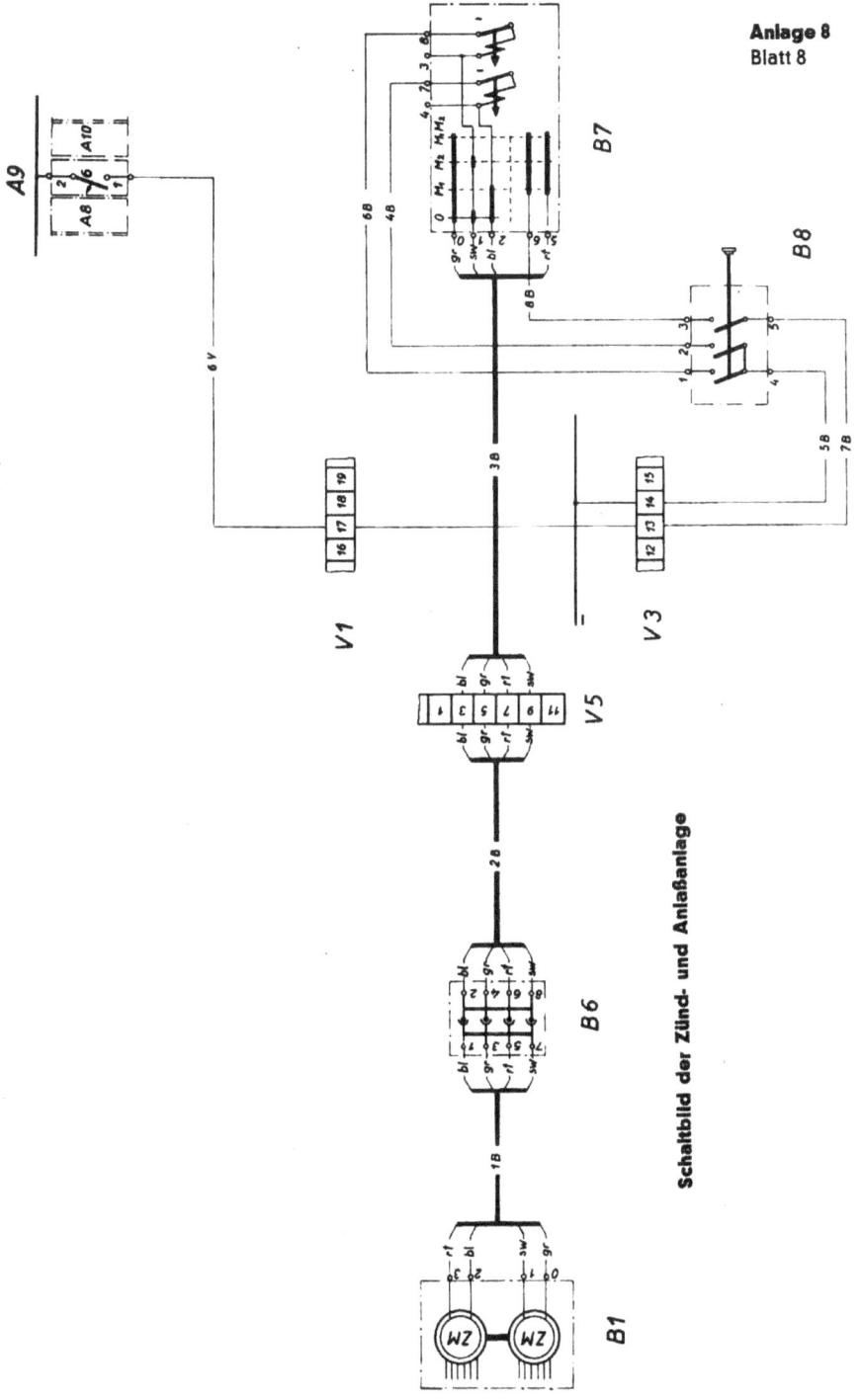

Schaltbild der Zünd- und Anlaßanlage

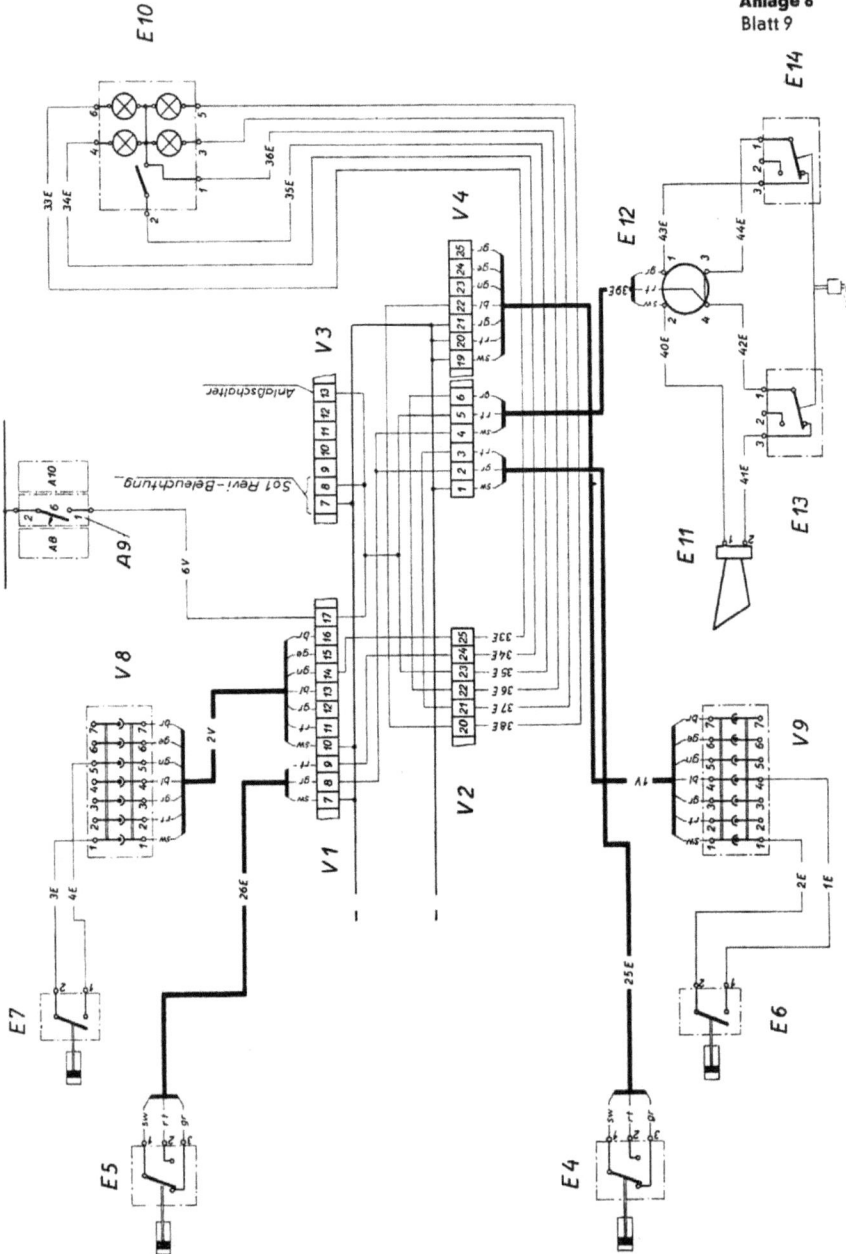

Schaltbild der Fahrwerk-Signalanlage

Schaltbild der Luftschrauben-Verstellanlage

Schaltbild der Meßanlage

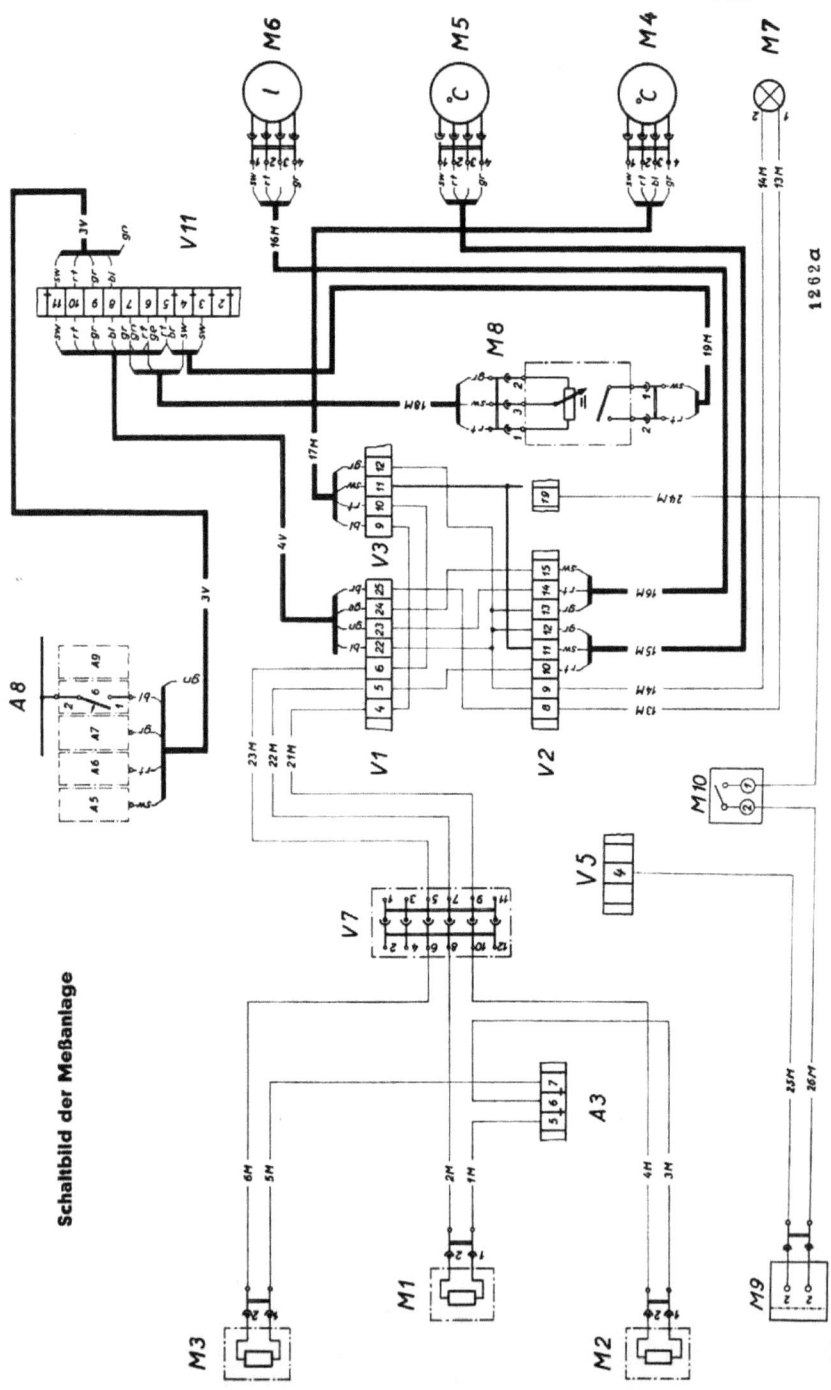

1262a

-89-

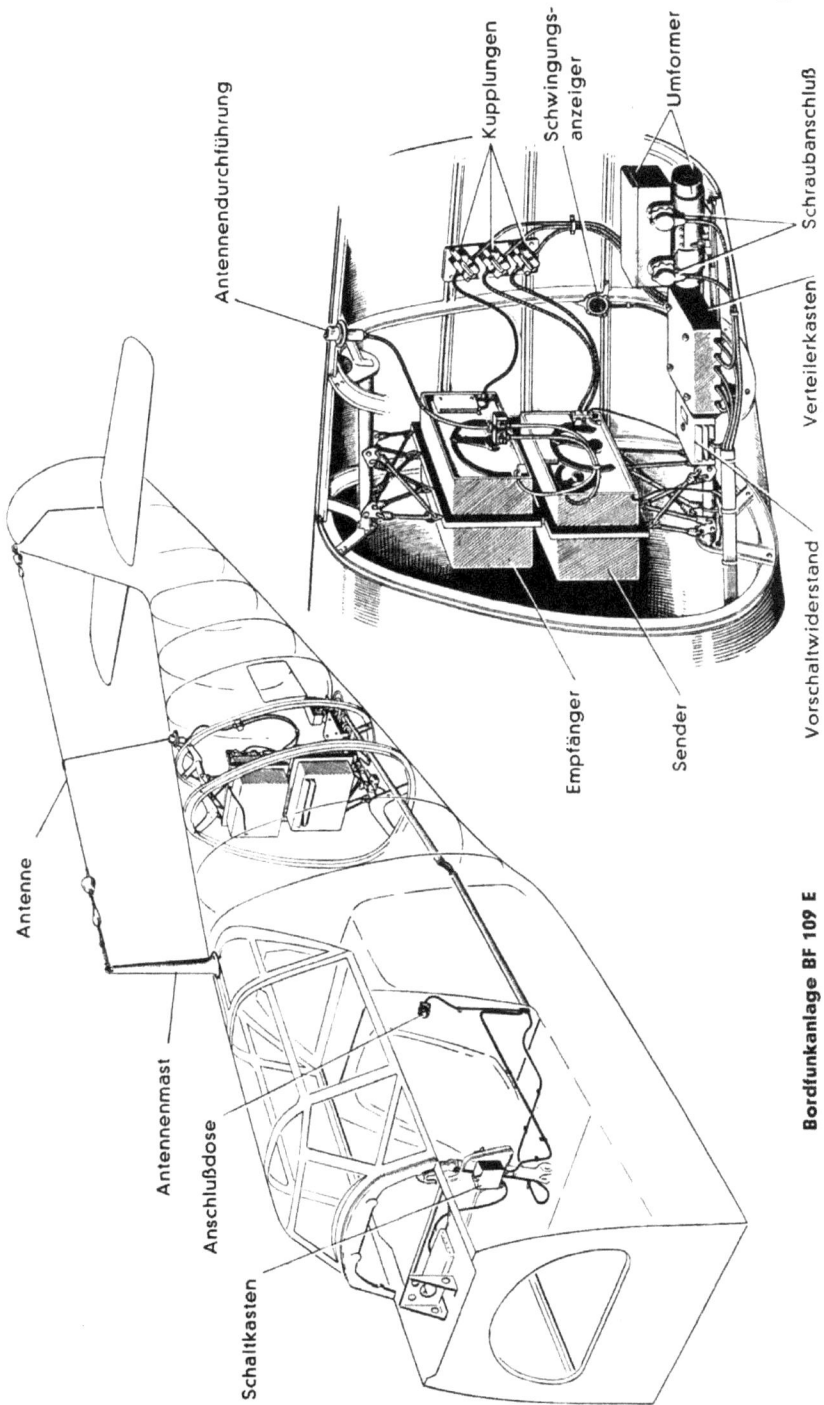

Antennendurchführung

Kupplungen

Schwingungs-
anzeiger

Umformer

Schraubanschluß

Verteilerkasten

Vorschaltwiderstand

Empfänger

Sender

Antenne

Antennenmast

Anschlußdose

Schaltkasten

Bordfunkanlage BF 109 E

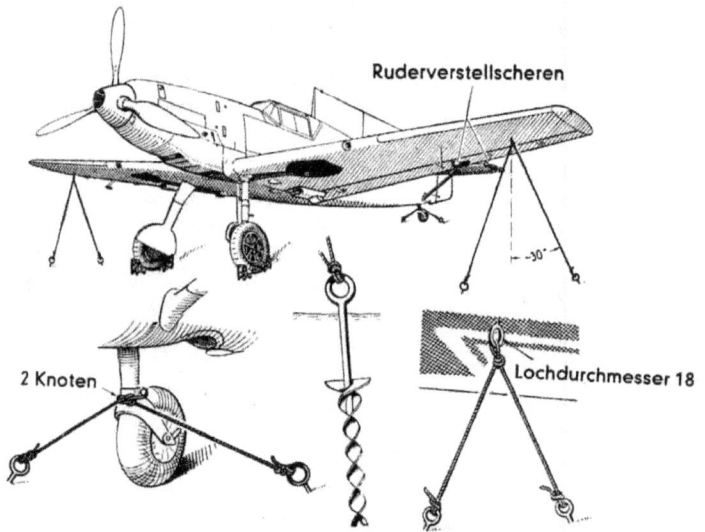

Ruderverstellscheren

~30°

2 Knoten

Lochdurchmesser 18

Verankerungsplan

Anlage 11

Rippe 7

Rippe 4

Rippe 1

Höhenflosse

äußerer Punkt

Mitte Rippe 4
innerer Punkt

Mitte Rippe 7

Mitte Rippe 1

Mitte Rippe 1

Mitte Rippe 4

Mitte Rippe 7

Nivellierplan BF 109 E

Einstellbericht

Bezeichnung			Sollwert l. u. r.	zul. Ab- weichung l. u. r.	Bemerkungen
Höhen- Flosse	O – Stellung		0^0	0^0	Meßstelle: Am Rumpfanschluß und über dem Stre- benanschluß
	+ – Stellung		$+3^0$	$+0^0 30'$ $-0^0 15'$	
	– Stellung		-8^0	$+0^0 30'$ -1^0	
Höhen- Ruder- Aus- schlag	bei Flossen- Stellung 0^0	ziehen	33^0	$+2^0$	Meßstelle: Über den Lager- stellen
		drücken	34^0	$+2^0$ -1^0	
	bei Flossen- Stellung $+3^0$	ziehen	30^0	$+2^0$	
		drücken	38^0	$+2^0$	
	bei Flossen- Stellung -8^0	ziehen	42^0	$+2^0$	
		drücken	22^0	$+2^0$	
Seitenruder-Ausschlag			34^0	$+1^0$ -2^0	Meßstelle: Über den Lagerrippen
Querruder-Ausschlag (Landeklappen in O-Stellung)	oben		$26^0 40'$	$\pm 1^0 30'$	
	unten		$13^0 20'$	$\pm 1^0 30'$	
Querruder-Ausschlag (Landeklappen ausgefahren)	oben		25^0	$+1^0 30'$	
	unten		$15^0 40'$	$+1^0 30'$	
Querrudersenkung bei ausgefahrenen Landeklappen 42^0			$12^0 30'$	$\pm 1^0 30'$	
Landeklappen- Ausschlag bez. a. Flügeleinstell. Winkel-Ist-Wert	O-Stellung		0^0	$+0^0 30'$	Unterschied zw. rechts und links max. $0^0 30'$ in Nullstellung und aus- gefahren
	ausgefahren		42^0	$\pm 2^0$	
Flügel-Einstell- Winkel	bei Rippe 1		$1^0 42'$	$\pm 15'$	bezogen auf Rumpf- achse
Vorflügel- Spaltmaße in mm	bei Rippe 4	a	72	$+2$ -1	
		b	63	$+1,5$	
		c	18	± 1	
	bei Rippe 6	a	56	$+2$ -1	
		b	45	$\pm 1,5$	
		c	12	± 1	
Soll-Werte nach Zeichnungs-Nr. 8—109 E—3 vom 18. 7. 38 Bl. 1				Bearbeiter: Augsburg, den	

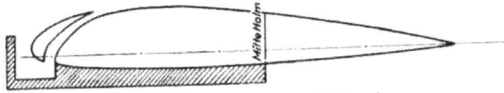

Arbeitslehre für Vorflügel

bei Rippe 6 anlegen

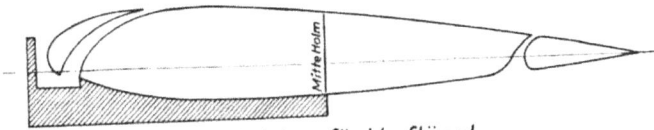

Arbeitslehre für Vorflügel

bei Rippe 4 anlegen

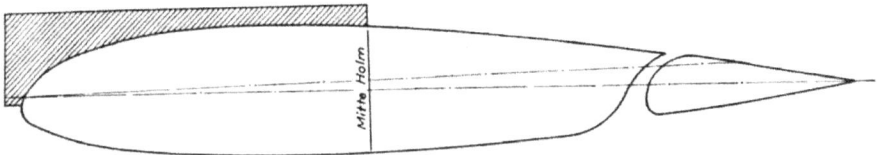

Arbeitslehre für Einstellwinkel der Tragfläche

bei Rippe 1b auflegen

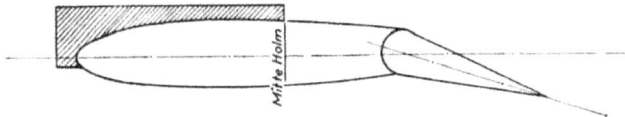

Arbeitslehre für Null-Lage der Höhenflosse

bei Rippe 1 auflegen

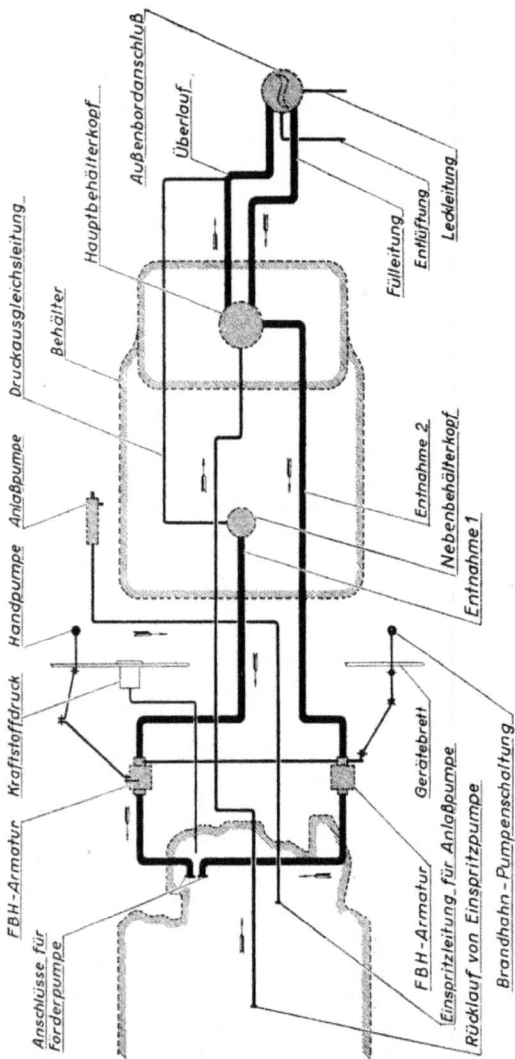

Kraftstoffanlage BF 109 E

Außenbordanschluß

Überlauf

Hauptbehälterkopf

Füllleitung

Entlüftung

Ledleitung

Druckausgleichsleitung

Behälter

Anlaßpumpe

Entnahme 2

Nebenbehälterkopf

Handpumpe

Entnahme 1

Kraftstoffdruck

FBH-Armatur

Gerätebrett

Anschlüsse für
Förderpumpe

FBH-Armatur

Einspritzleitung für Anlaßpumpe

Rücklauf von Einspritzpumpe

Brandhahn-Pumpenschaltung

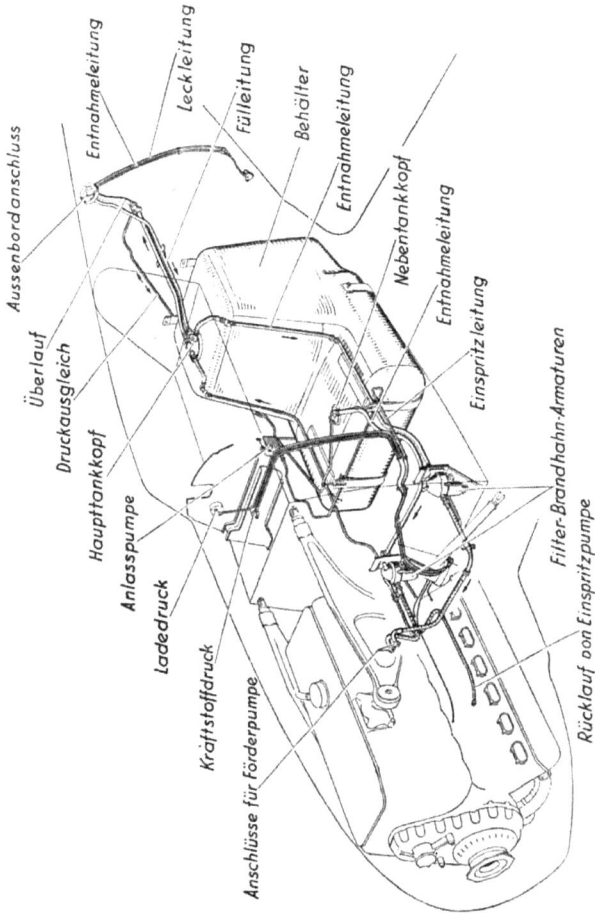

Entnahmeleitung
Leckleitung
Fülleitung
Behälter
Entnahmeleitung
Aussenbordanschluss
Nebentankkopf
Entnahmeleitung
Einspritzleitung
Überlauf
Druckausgleich
Haupttankkopf
Anlasspumpe
Ladedruck
Filter-Brandhahn-Armaturen
Kraftstoffdruck
Rücklauf von Einspritzpumpe
Anschlüsse für Förderpumpe

Kraftstoffanlage BF 109 E

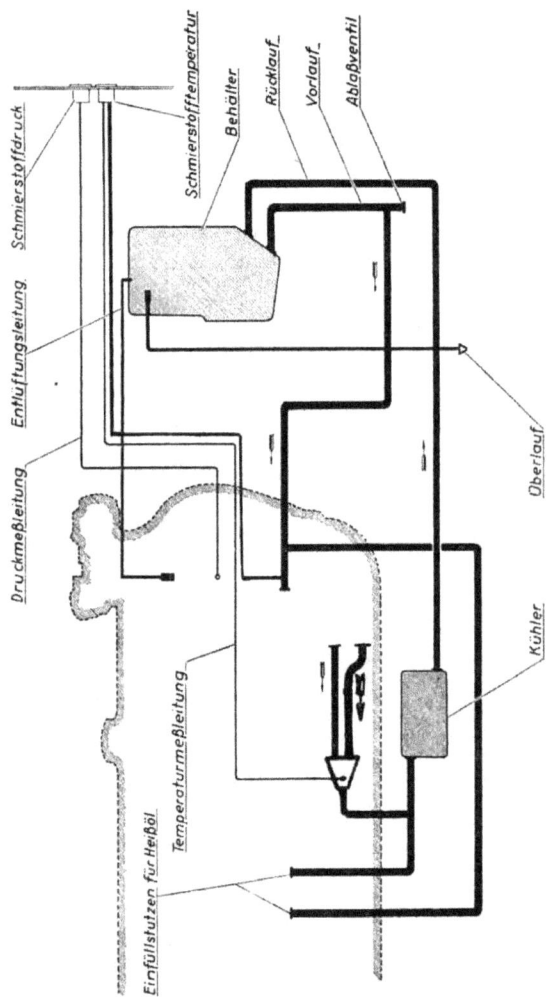

Schmierstoffanlage BF 109 E

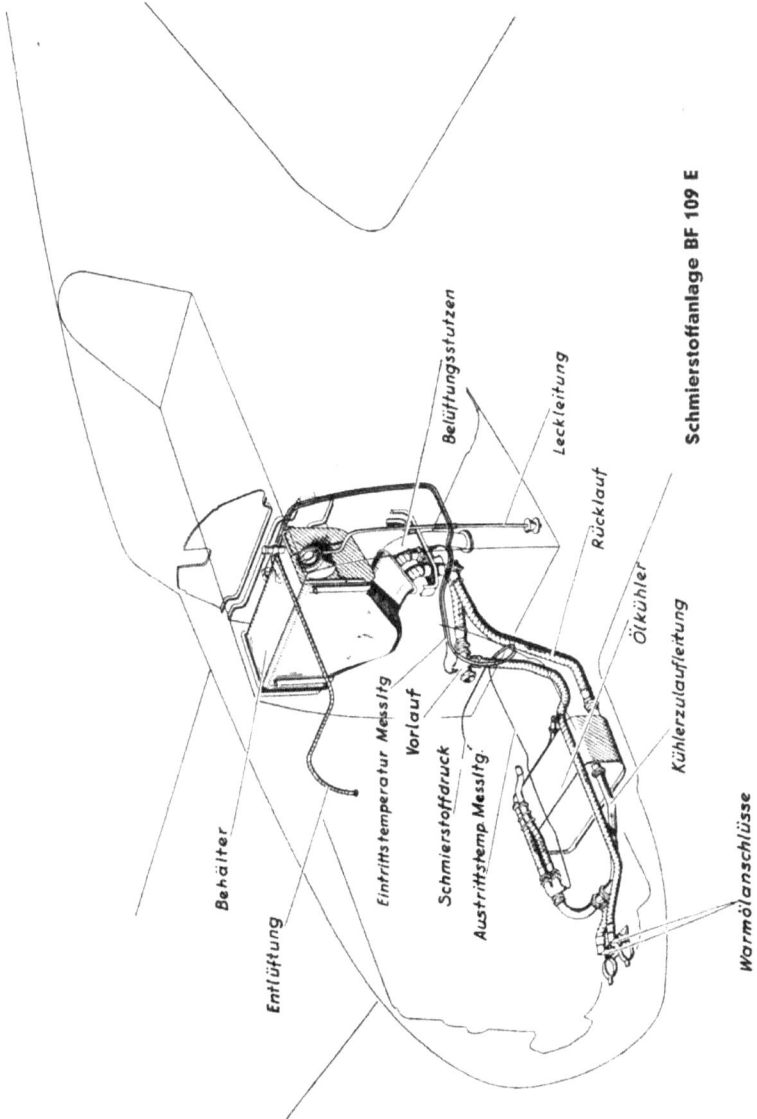

Schmierstoffanlage BF 109 E

Belüftungsstutzen

Leckleitung

Rücklauf

Ölkühler

Kühlerzulaufleitung

Warmölanschlüsse

Einfrittstemperatur Messltg

Vorlauf

Schmierstoffdruck

Austrittstemp Messltg.

Behälter

Entlüftung

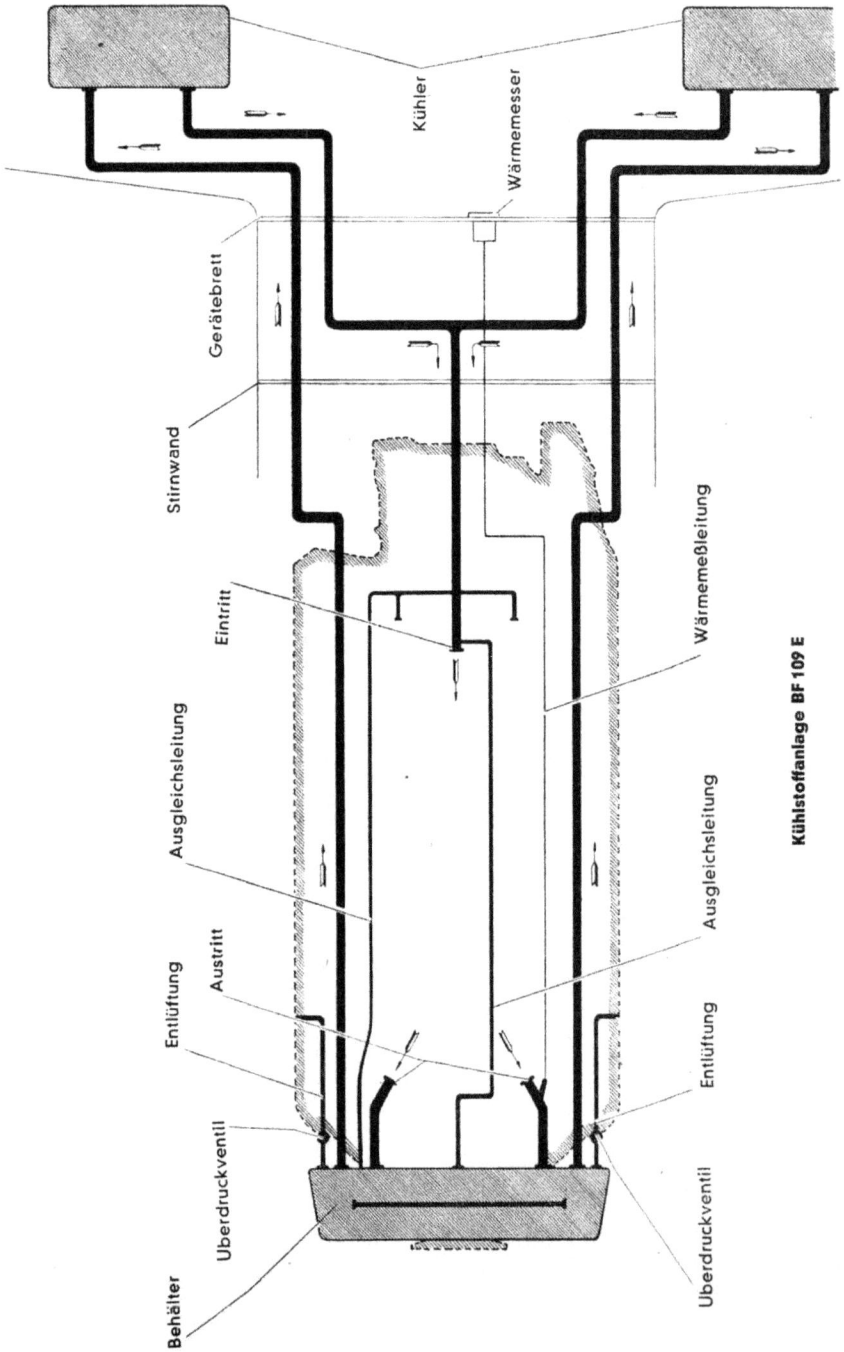

Kühler

Wärmemesser

Gerätebrett

Stirnwand

Wärmemeßleitung

Eintritt

Ausgleichsleitung

Ausgleichsleitung

Entlüftung

Austritt

Entlüftung

Überdruckventil

Behälter

Überdruckventil

Kühlstoffanlage BF 109 E

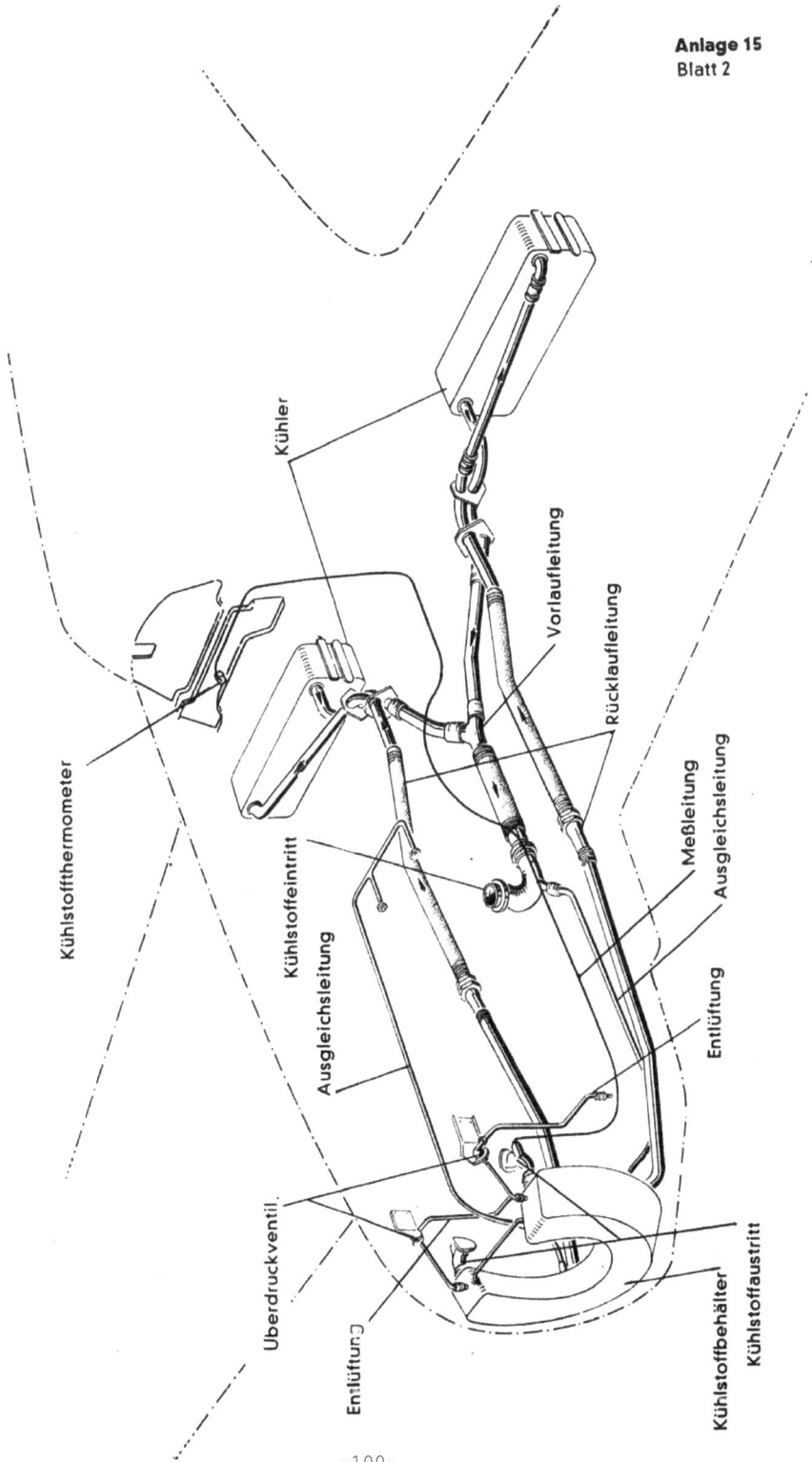

Kühler

Vorlaufleitung

Rücklaufleitung

Kühlstoffthermometer

Kühlstoffeintritt

Ausgleichsleitung

Ausgleichsleitung

Meßleitung

Entlüftung

Überdruckventil

Entlüftung

Kühlstoffbehälter

Kühlstoffaustritt

Kühlstoffanlage BF 109 E

-100-

Ladeplan BF 109 E 1

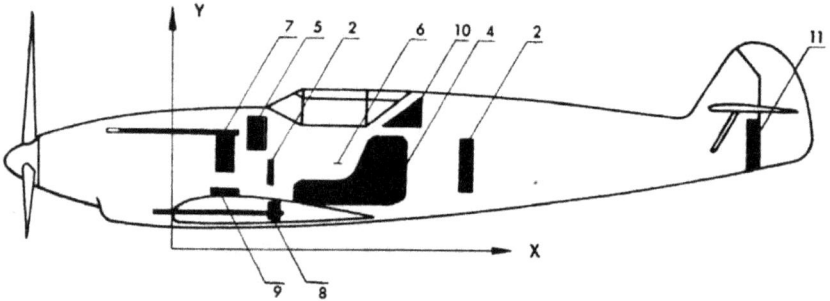

Gültig nur für
VDM-Luftschraube

Gewichte in kg

Pos.	Bezeichnung		Einsatzfall	Ubungsfall
	Verwendungszweck		H	
	Beanspruchungsgruppe		5	
1	Leergewicht		1840	1840
2	Zusätzliche Ausrüstung *)		169	169
3	Rüstgewicht		2009	2009
4	Kraftstoff 400 Ltr.	Zuladung	0—304	0—304
5	Schmierstoff 29,5 Ltr.		9— 27	9— 27
6	Führer + Fallschirm + Sonderbekleidung		70—100	70—100
7	Munition für R.-MG. (2000 Schuß)		0— 59	—
8	Munition für Fl.-MG. (1000 Schuß)		0— 29	—
9	ESK 2000 a		—	9
10	Gepäck		—	0— 15
11	Ballast		25	25
Fluggewicht	voll		2553	2489
	leergeflogen		2231	2167
Fluggewichtsschwerpunktslagen X in cm hinter Eintrittskante Flügelrippe 1 (EK 1)	voll		62,5	64,0
	leergeflogen		46,8	48,1
Leergewichtsschwerpunktslage in cm hinter EK 1			26,8	

*) Siehe Beladevorschrift.

Nur für das vollständig ausgerüstete Flugzeug hat dieser Ladeplan Gültigkeit (siehe Beladevorschrift).
Fehlende Ausrüstungsteile sind durch gleich schweren Ballast am gleichen Einbauort zu ersetzen
Zulässige Grenzen der Schwerpunktslage in cm hinter EK 1 : 43,8 — 66,6 cm

www.ingramcontent.com/pod-product-compliance
Lightning Source LLC
La Vergne TN
LVHW051657080426
835511LV00017B/2618